O LIVRO DO PERDÃO

PARA CURARMOS A NÓS MESMOS

E O NOSSO MUNDO

Desmond M. Tutu
& Mpho Tutu

O livro do
PERDÃO

Tradução
Heloísa Leal

Editado por
Douglas C. Abrams

valentina
Rio de Janeiro, 2024
7ª Edição

Copyright © 2014 *by* Desmond M. Tutu & Mpho A. Tutu

Alguns nomes foram alterados, conforme indicado no texto,
para proteger a privacidade das respectivas pessoas.

TÍTULO ORIGINAL
The Book of Forgiving

CAPA
Raul Fernandes

ILUSTRAÇÃO DE CAPA
Marc Burckhardt

FOTO DOS AUTORES
Oryx Media, 2013

DIAGRAMAÇÃO
editoriârte

Impresso no Brasil
Printed in Brazil
2024

CIP-BRASIL. CATALOGAÇÃO NA PUBLICAÇÃO
SINDICATO NACIONAL DOS EDITORES DE LIVROS, RJ

T88L
7.ed.

Tutu, Desmond, 1931–2021
O livro do perdão: para curarmos a nós mesmos e o nosso mundo / Desmond
Tutu, Mpho A. Tutu; compilação Douglas C. Abrams; Tradução Heloísa Leal.
– 7. ed. – Rio de Janeiro: Valentina, 2024.
240p. :il.; 21 cm.

Tradução de: The book of forgiving

ISBN 978-85-65859-43-1

1. Perdão. 2. Técnicas de autoajuda. I. Tutu, Mpho A. II. Abrams, Douglas C.
III. Título.

CDD: 158.1
CDU: 159.947

14-15438

Todos os livros da Editora Valentina estão em conformidade com
o novo Acordo Ortográfico da Língua Portuguesa.

Todos os direitos desta edição reservados à

EDITORA VALENTINA
Rua Santa Clara 50/1107 – Copacabana
Rio de Janeiro – 22041-012
Tel/Fax: (21) 3208-8777
www.editoravalentina.com.br

Para Angela
Sentimos sua falta

Sumário

Introdução: Rumo à Completude 9

Parte Um: COMPREENDER O PERDÃO

1 Por que Perdoar? *23*

2 O que o Perdão Não É *39*

3 Compreender o Quádruplo Caminho *53*

Parte Dois: O QUÁDRUPLO CAMINHO

4 Contar a História *75*

5 Dar Vazão à Mágoa *101*

6 Conceder o Perdão *127*

7 Renovar ou Abrir Mão do Relacionamento *153*

Parte Três: TODOS PODEM SER PERDOADOS

8 Precisar do Perdão *173*

9 Perdoar a Si Mesmo *203*

10 Um Mundo de Perdão *223*

Fontes 234

Agradecimentos 235

Notas 238

Introdução

Rumo à Completude

– ELE TINHA MUITOS FERIMENTOS. – ELA falava com a precisão de um legista. – Só na parte superior do abdômen, eram cinco. Isso indicava que armas diferentes haviam sido utilizadas para apunhalá-lo, ou que havia sido apunhalado por um grupo de pessoas. – A Sra. Mhlawuli continuou seu contundente depoimento à Comissão da Verdade e da Reconciliação (CVR). Ela falava sobre o desaparecimento e o assassinato de seu marido, Sicelo. – Mas ele também tinha ferimentos na parte inferior. No total, eram quarenta e três. Jogaram ácido no seu rosto. Amputaram sua mão direita pouco abaixo do pulso. Não sei o que fizeram com aquela mão. – Senti uma onda de horror e náusea.

Em seguida foi a vez de Babalwa, de dezenove anos. Ela tinha oito quando o pai morreu. Seu irmão tinha apenas três. Ela descreveu a dor, os abusos policiais e as privações nos anos que se seguiram à morte do pai. E então, declarou:

10 | O LIVRO DO PERDÃO

– Eu e meu irmão gostaríamos muito de saber quem matou nosso pai. – Suas palavras seguintes me assombraram e me deixaram sem fôlego: – Queremos perdoar, mas não sabemos a quem.

Como presidente da Comissão da Verdade e da Reconciliação, muitas vezes me perguntaram de que modo o povo da África do Sul conseguiu perdoar as atrocidades e injustiças que sofreu sob o regime do apartheid. Nossa jornada na África do Sul foi longa e acidentada. Hoje, é difícil de acreditar que, até nossa primeira eleição democrática, em 1994, o país institucionalizava o racismo, a desigualdade e a opressão. Na África do Sul do apartheid, só os brancos podiam votar, receber educação de alta qualidade e desfrutar de avanços e oportunidades. Houve décadas de protestos e violência. Muito sangue foi derramado durante nossa longa marcha rumo à liberdade. Quando, por fim, nossos líderes foram libertados da prisão, temeu-se que a transição para a democracia fosse se tornar uma carnificina de vingança. Milagrosamente, escolhemos outro futuro. Escolhemos o perdão. Na época, sabíamos que contar a verdade e limpar nossa história seria a única maneira de salvar o país da destruição. Não sabíamos aonde essa escolha nos levaria. O processo em que embarcamos através da CVR foi, como todos os processos de crescimento autênticos, extremamente doloroso e profundamente belo.

Também já me perguntaram o que aprendi sobre o perdão a partir dessa experiência e dos muitos lugares onde houve conflitos e sofrimento que já visitei na vida, desde a Irlanda do Norte até Ruanda. Este livro é a resposta. E é também a resposta à pergunta não formulada que vem em seguida: *Como* perdoar? Este livro foi escrito para aqueles que precisam do perdão, quer por desejarem perdoar, quer por desejarem ser perdoados.

Há dias em que eu gostaria de poder apagar da memória todos os horrores que testemunhei. Parece não haver limite para as maneiras criativas que nós, humanos, encontramos de ferir uns aos outros, nem para as razões com que as justificamos. Também não há limite para a capacidade humana de curar as feridas. Cada um de nós possui uma habilidade inata para extrair alegria do sofrimento, para encontrar esperança nas situações mais desesperadoras e para restaurar qualquer relacionamento que necessite ser restaurado.

Gostaria de compartilhar com você duas verdades simples: não há nada que não possa ser perdoado, nem ninguém que não mereça ser perdoado. Quando você compreende que estamos todos unidos uns aos outros – por nascimento, circunstância ou simplesmente por nossa humanidade comum –, sabe que isso é verdade. Muitas vezes afirmei que a África do Sul não teria futuro sem o perdão. Nossa revolta e busca por vingança teriam sido a nossa ruína. Isso é verdade para nós tanto no plano individual quanto no coletivo.

Cada um de nós já viveu situações em que precisou perdoar. E cada um de nós já viveu situações em que precisou ser perdoado. E viverá muitas outras. Ao nosso próprio modo, somos todos neuróticos. Devido a essas neuroses, ferimos uns aos outros. O perdão é a jornada que empreendemos em direção à cura das neuroses. É como nos tornamos completos novamente.

Seja em relação ao torturador que me supliciou brutalmente, à esposa que me traiu, ao patrão que promoveu outro no meu lugar ou ao motorista que me deu uma fechada quando eu ia para o trabalho, eu enfrento a mesma escolha: perdoar ou me vingar. Enfrentamos a escolha de perdoar ou não como indivíduos, como famílias, como comunidades e como um mundo profundamente interconectado.

12 | O LIVRO DO PERDÃO

A qualidade da vida humana em nosso planeta nada mais é do que a soma total de nossas interações diárias. Cada vez que ajudamos, e cada vez que prejudicamos, exercemos um impacto dramático sobre o nosso mundo. Como somos humanos, algumas de nossas interações dão errado, e então ferimos, somos feridos, ou ambos. Faz parte da natureza humana, e é inevitável. O perdão é o modo como corrigimos essas interações. É o modo como remendamos os rasgões no tecido social. É o modo como impedimos nossa comunidade humana de se desintegrar.

Há incontáveis estudos que enumeram os benefícios sociais, espirituais, psicológicos e até fisiológicos do perdão. O processo em si do perdão, no entanto, permanece um mistério. Sim, é bom e benéfico abrir mão do ressentimento, mas como fazer isso quando fomos prejudicados? É claro que é melhor não buscar a vingança, mas como podemos fazê-lo quando o que nos foi tirado não pode ser restituído? E será possível perdoar e ainda fazer justiça? Que passos devemos seguir para alcançar o perdão? Como curar todas as feridas em nossos corações sendo as criaturas frágeis que somos?

O caminho para o perdão não é fácil. Nesse caminho, devemos passar por lamaçais de ódio e revolta e atravessar a depressão e a dor até encontrarmos a aceitação que caracteriza o perdão. Embora fosse muito mais fácil fazer a jornada se a rota tivesse limites claros, esse não é o caso. A fronteira que separa os que feriram dos que foram feridos também não é clara. Cada um de nós em algum momento foi o ferido, e no momento seguinte foi o que feriu. E em outro momento ficamos com um pé de cada lado da fronteira, ferindo quem nos feriu, cheios de dor e raiva. Todos cruzamos essa fronteira com frequência. Qualquer que seja a sua posição agora, o que quer

Introdução | 13

que você tenha feito, o que quer que tenha sido feito a você, esperamos que este livro o ajude.

Juntos, exploraremos cada aspecto do Quádruplo Caminho do perdão: Contar a História, Dar Vazão à Mágoa, Conceder o Perdão e Renovar ou Abrir Mão do Relacionamento. Convidamos você a se juntar a nós nessa jornada de cura e transformação. Não importa se você está tendo problemas para superar os males que lhe foram causados, ou se precisa de coragem para admitir os males que causou. O perdão não é nada menos do que o modo como curamos o mundo. E curamos o mundo curando cada um de nossos corações. O processo é simples, mas não é fácil.

Estou escrevendo este livro em parceria com minha filha, Mpho, que também é uma sacerdotisa. Mpho fez um trabalho em profundidade com paroquianos e peregrinos em sua busca por perdão e superação. Ela está fazendo um doutorado sobre o tema do perdão e traz uma rica bagagem de conhecimentos para o livro. Ela também traz sua própria jornada pessoal pelo Quádruplo Caminho, compartilhando sua luta para compreender e perdoar.

O livro é um convite para que você trilhe conosco o caminho do perdão. Nele, compartilharemos nossas histórias pessoais, além de histórias de outros que nos inspiraram, e o que aprendemos sobre o processo do perdão. Já vimos esse processo transformar situações e restaurar relacionamentos entre parentes, amigos, estranhos e inimigos. Já o vimos drenar o veneno das pequenas ofensas do cotidiano que por descuido fazemos uns aos outros, e permitir a superação dos mais brutais atos de crueldade que se possam imaginar. Acreditamos que não há ninguém que seja irredimível, nenhuma situação que seja sem esperança e nenhum crime que não possa ser perdoado.

14 | O LIVRO DO PERDÃO

Se você deseja perdoar, esperamos apontar o caminho para a liberdade. Mostraremos como se livrar do jugo do perpetrador e se libertar das dolorosas correntes do ressentimento e da revolta que o prendem à sua experiência.

Se você sente necessidade de ser perdoado, é nossa esperança que *O Livro do Perdão* lhe aponte um caminho claro para se libertar dos grilhões do passado e o ajude a tocar sua vida em frente. Quando testemunhamos o mal e o sofrimento que causamos, quando pedimos aos outros que nos perdoem e os compensamos, quando perdoamos e restauramos nossos relacionamentos, retornamos a nossa natureza inerente.

Nossa natureza é a bondade. Sim, cometemos muitos atos que são maus, mas nossa natureza é essencialmente boa. Se não fosse, não ficaríamos tão chocados e abalados quando prejudicamos uns aos outros. Quando alguém comete um ato hediondo, isso se torna notícia porque é a exceção à regra. Vivemos cercados por tanto amor, bondade e confiança, que chegamos a nos esquecer de que isso é notável. O perdão é o modo como devolvemos o que nos foi tirado e restituímos o amor, a bondade e a confiança que se perderam. Com cada ato de perdão, quer seja pequeno, quer grande, nós nos movemos em direção à completude. O perdão não é nada menos do que o modo como trazemos paz a nós mesmos e ao mundo.

Este livro foi escrito, em primeiro lugar, para aqueles que precisam perdoar. Assim o fizemos porque mesmo aqueles que precisam do perdão também devem perdoar o mal que lhes foi feito. Isso não é uma desculpa ou justificativa para o que fizemos, apenas o reconhecimento do mal que é passado de mão em mão e de geração em geração. Ninguém nasce criminoso; ninguém nasce cruel. Cada um de nós nasce inteiro, mas essa inteireza pode ser facilmente estilhaçada.

Introdução | 15

Na África do Sul, escolhemos buscar o perdão e não a vingança. Essa escolha evitou um banho de sangue. Para cada injustiça, há uma escolha. Como dissemos, você pode escolher o perdão ou a vingança, mas a vingança é sempre mais cara. Escolher o perdão ao invés da retaliação serve, em última análise, para torná-lo uma pessoa mais forte e mais livre. A paz sempre vem para aqueles que escolhem perdoar. Mpho e eu já vimos os efeitos de se beber do veneno amargo da revolta e do ressentimento – e o modo como corrói e destrói de dentro para fora –, e também já vimos o doce bálsamo do perdão aplacar e transformar até mesmo as mais virulentas situações. É por esse motivo que podemos dizer que há esperança.

Não entramos no caminho do perdão numa atitude despreocupada, nem o trilhamos sem certa apreensão de que a jornada possa não sair conforme o planejado. O perdão é um diálogo, e como todos os diálogos importantes, necessita de uma linguagem clara, honesta e sincera. Este livro o ajudará a aprender a linguagem do perdão. Ao longo do caminho, ofereceremos meditações, exercícios e rituais que irão orientá-lo e ajudá-lo enquanto o trilha. Alguns dos exercícios, esperamos, irão lhe oferecer conforto e apoio, bem como inspirar sua compaixão. Imaginamos que alguns deles também o desafiarão.

Seríamos culpados de propaganda enganosa se não lhe contássemos que, como acontece com todos os diálogos, o desfecho do processo do perdão não pode ser conhecido antecipadamente. Este livro não é um remédio milagroso, uma panaceia. Temos a esperança, no entanto, de que suas páginas o orientem em direção ao desfecho que procura. Confiamos que nelas você poderá aprender a adquirir as habilidades e a encontrar a disposição de espírito necessária para reparar seus

16 | O LIVRO DO PERDÃO

relacionamentos e, de algum modo importante, contribuir para reparar o nosso mundo.

Na África do Sul, *Ubuntu* é a nossa maneira de compreender o mundo. A palavra significa literalmente "humanidade". É a filosofia e a crença de que uma pessoa só é uma pessoa através das demais. Em outras palavras, somos humanos apenas em relação aos outros humanos. Nossa humanidade é tecida por nossa interconexão, e qualquer rasgão no tecido dessa interconexão deve ser reparado para que voltemos a ser inteiros. Essa interconexão é a raiz de quem somos.

Trilhar o caminho do perdão é reconhecer que os seus crimes fazem tanto mal a você próprio quanto a mim. Trilhar o caminho do perdão é reconhecer que a minha dignidade está entremeada com a sua dignidade, e que cada mal praticado fere a todos nós.

Mesmo quando reconhecemos nossa interconexão, o perdão ainda pode ser um caminho difícil de trilhar. Alguns dias parecerá que, para cada passo que damos à frente, recuamos dois. É uma jornada. E antes do começo de qualquer jornada, grande ou pequena, deve haver a disposição de dar aquele primeiro passo hesitante. Há um provérbio gaélico que diz: "Nada é fácil para os que não estão dispostos." Sem a disposição, a jornada será impossível. Antes da compaixão, deve vir a disposição para sentir compaixão. Antes da transformação, deve haver a crença de que essa transformação é possível, e a disposição para se transformar. Antes do perdão, deve haver a disposição para considerar o perdão como uma possibilidade.

Faremos essa jornada ao seu lado. Mesmo que você acredite que não há a menor possibilidade de vir a perdoar, ou que acredite que o que fez é tão hediondo que jamais poderá ser perdoado, caminharemos com você. Se tem medo, se sente inseguro ou duvida que sua situação possa se transformar, nós o convidamos a tentar. Se você se sente sem esperanças, paralisado pelo sentimento de culpa, se afogando num mar de dor ou revolta, nós o convidamos a vir conosco. Trilharemos esse caminho ao seu lado porque acreditamos que é um caminho que o conduzirá à cura e à transformação. Convidamos você a empreender essa jornada não porque seja fácil, mas porque, no fim, o caminho do perdão é o único que vale a pena trilhar.

Oração Antes da Oração

Quero estar disposto a perdoar,
Mas não ouso pedir a disposição de perdoar,
Caso você me dê essa disposição,
Mas eu ainda não esteja pronto.
Ainda não estou pronto para abrandar meu coração,
Ainda não estou pronto para voltar a ser vulnerável,
Nem para ver que há humanidade nos olhos do meu torturador,
Ou que aquele que me feriu também pode ter chorado.
Ainda não estou pronto para a jornada,
Ainda não estou interessado no caminho,
Ainda estou fazendo a oração anterior à oração do perdão.
Conceda-me a disposição para querer perdoar.
Conceda-a em breve, mas não ainda.
Será que posso sequer formar as palavras
Me perdoe?
Será que ouso sequer olhar
E ver o mal que causei?
Tenho um vislumbre dos estilhaços daquela coisa frágil,

18 | O LIVRO DO PERDÃO

Daquela alma tentando se erguer nas asas partidas da esperança,
Mas apenas com o canto dos olhos;
Tenho medo dela,
E se tenho medo de ver,
Como posso não ter medo de dizer
Me perdoe?

Há algum lugar onde possamos nos encontrar,
Você e eu?
O lugar é no meio,
Na terra de ninguém,
Onde não há fronteiras;
Onde você pode ter razão
E eu também;
Onde ambos ferimos e fomos feridos.
Podemos nos encontrar lá?
E buscar o local onde começa o caminho –
O caminho que termina quando se perdoa?

Suprimentos para a Jornada

Todas as jornadas necessitam de provisões. A sua jornada requer dois objetos para apoiar a sua cura:

Por favor, compre um diário, que será usado para os exercícios dados a cada capítulo. Esse será o seu "livro do perdão". Pode ser um caderno comum ou um diário especial, comprado apenas para esse fim. Só você lerá o diário, e nele deve se sentir à vontade e seguro para registrar seus pensamentos, emoções, ideias e progressos pelo Quádruplo Caminho.

Por favor, saia e procure uma pedra que o atraia por algum motivo. Pode ser bonita ou feia. Não deve ser um seixo, nem um pedregulho. Encontre uma pedra que tenha certo peso. Deve ser pequena o bastante para ser carregada na palma da mão e grande o bastante para não ser perdida. Anote no seu diário exatamente onde a encontrou e por que ela o atraiu.

Seja bem-vindo. Você começou a trilhar o Quádruplo Caminho.

Parte Um

COMPREENDER O PERDÃO

Capítulo 1

Por que Perdoar?

HOUVE MUITAS NOITES em que eu, ainda pequeno, fui obrigado a assistir, sem nada poder fazer, à violência verbal e física de meu pai contra minha mãe. Ainda me lembro do cheiro de álcool, do medo nos olhos de minha mãe, e revivo o desespero impotente que sentimos ao ver aqueles que amamos ferirem uns aos outros de maneiras incompreensíveis. Não desejaria essa experiência a ninguém, principalmente a uma criança. Quando permito que as lembranças se prolonguem, começo a desejar ferir meu pai também, do mesmo modo como ele feriu minha mãe, e de uma maneira que me era impossível em pequeno. Vejo o rosto de minha mãe, esse ser humano tão doce, que eu amava tanto, e que nada fizera para merecer a dor que lhe era infligida.

Quando relembro essa história, compreendo como o processo do perdão é difícil. Racionalmente, sei que meu pai causou dor porque estava sentindo dor. Espiritualmente, sei que minha fé diz

24 | O LIVRO DO PERDÃO

que ele merece ser perdoado porque Deus perdoa a todos nós. Mas ainda é difícil. Os traumas que testemunhamos ou experimentamos continuam vivos na memória. Mesmo anos depois, ainda podem renovar nossa dor, sempre que revivemos essas lembranças. Você está magoado e sofrendo? É uma ferida recente ou antiga, que jamais cicatrizou? Saiba que o que fizeram com você foi errado, injusto e imerecido. Você tem razão em se sentir ultrajado. E é perfeitamente normal que sinta o impulso de revidar quando foi ferido. Mas revidar raramente satisfaz. Pensamos que satisfará, mas não é o que acontece. Se devolvo o tapa que você me deu, isso não diminui a ardência que sinto no rosto, nem minha tristeza por você ter batido em mim. A retaliação proporciona, no máximo, um alívio momentâneo da dor. A única maneira de encontrar a liberdade e a paz é perdoar. Até conseguirmos perdoar, permanecemos trancados na nossa dor e barrados da possibilidade de encontrar a superação e a liberdade, barrados da possibilidade de ter paz.

Sem o perdão, permanecemos atados àquele que nos prejudicou. Ficamos presos pelas correntes da amargura, juntos, aprisionados. Até conseguirmos perdoá-lo, ele deterá as chaves da nossa felicidade; será o nosso carcereiro. Quando perdoamos, retomamos o controle de nosso destino e de nossos sentimentos. Tornamo-nos nossos próprios libertadores. Não perdoamos para ajudar o outro. Não perdoamos pelos outros. Perdoamos por nós mesmos. Em outras palavras, o perdão é a melhor forma de autointeresse. Isso é uma verdade tanto espiritual quanto científica.

A Ciência do Perdão

Desde a última década, tem havido um aumento no número de pesquisas relacionadas ao perdão. Se antes o debate do perdão se restringia ao âmbito religioso, agora começa a despertar atenção como disciplina acadêmica, estudada não apenas por filósofos e teólogos, mas também por psicólogos e médicos. Há centenas de projetos de pesquisa sobre o perdão sendo realizados em universidades de todo o mundo. A Campaign for Forgiveness Research [Campanha para Pesquisas Relacionadas ao Perdão], financiada pela Templeton Foundation, tem quarenta e seis projetos de pesquisa somente sobre o perdão.[1] Até os neurocientistas estão estudando a biologia do perdão e explorando as fronteiras evolucionárias no cérebro que dificultam o processo do perdão. Alguns estão até tentando determinar se poderia haver um gene do perdão no nosso DNA.

À medida que as pesquisas modernas sobre o perdão evoluem, as descobertas mostram claramente que o perdão transforma as pessoas mental, emocional, espiritual e até fisicamente. Em *Forgive for Good: A Proven Prescription for Health and Happiness*, o psicólogo Fred Luskin escreve: "Em rigorosos estudos científicos, foi demonstrado que o treinamento do perdão reduz a depressão, aumenta a esperança, diminui a raiva, melhora a conexão espiritual, [e] aumenta a autoconfiança emocional."[2] Esses são apenas alguns dos benefícios psicológicos concretos. A pesquisa também demonstra que pessoas com maior capacidade de perdoar experimentam menos problemas físicos e mentais, e menos sintomas físicos de estresse.

Enquanto mais e mais cientistas documentam o poder de cura do perdão, eles também estudam os corrosivos efeitos mentais e físicos da incapacidade de perdoar. Apegar-se à raiva e ao ressentimento, viver em um estado permanente de estresse, pode prejudicar o coração tanto quanto a alma. Na verdade, uma pesquisa demonstrou que a incapacidade de perdoar pode ser um fator de risco para doenças cardíacas, hipertensão e

26 | O LIVRO DO PERDÃO

várias outras doenças crônicas relacionadas ao estresse.[3] Estudos médicos e psicológicos também demonstraram que uma pessoa que se apega à raiva e ao ressentimento apresenta um risco maior de vir a sofrer de ansiedade, depressão e insônia, e maior probabilidade de ser vítima de hipertensão, úlceras, enxaqueca, dores nas costas, infarto e até mesmo câncer. O oposto também é verdade. O perdão genuíno pode transformar esses males. Quando o estresse, a ansiedade e a depressão são reduzidos, o mesmo acontece com as desordens físicas que os acompanham.

Estudos continuarão a medir a frequência cardíaca, a pressão arterial e a longevidade dos que perdoam e dos que não perdoam. Artigos aparecerão em publicações científicas e, no fim, a ciência provará o que as pessoas já sabem há milênios: perdoar faz bem. Os benefícios para a saúde estão apenas começando.

Perdoar é também se libertar de qualquer trauma ou provação que você tenha experimentado e retomar a sua própria vida.

Curando o Todo

O que a medicina e a psicologia não podem estudar, quantificar ou examinar sob um microscópio é a profunda conexão que nos une e o nosso impulso comum de viver em harmonia.

Talvez a ciência esteja começando a reconhecer o que na África já sabemos há muito tempo: que somos de fato interdependentes, embora a ciência ainda não possa explicar totalmente a necessidade que temos uns dos outros. A Dra. Lisa Berkman, diretora do Departamento de Sociedade, Desenvolvimento Humano e Saúde da Escola de Saúde Pública da Universidade de Harvard, estudou sete mil homens e mulheres. Segundo suas descobertas, aqueles que eram socialmente isolados tinham uma probabilidade três vezes maior de morrer prematuramente do que os que tinham um forte círculo social. E, o que assombrou ainda mais os pesquisadores, os que tinham um forte círculo social e um estilo de vida não saudável (devido ao fumo, à obesidade e ao sedentarismo) viviam mais tempo do que os que tinham um círculo social fraco, mas um estilo de vida saudável.[4] Um artigo isolado na revista *Science* concluiu que a solidão é um fator de risco maior para doença e morte do que o fumo.[5] Em outras palavras, a solidão pode matar mais depressa do que o cigarro. Estamos profundamente conectados uns aos outros, reconheçamos isso ou não. Precisamos uns dos outros. Evoluímos desse modo, e nossa sobrevivência ainda depende disso.

Quando somos insensíveis, quando não demonstramos compaixão, quando nos comportamos de modo implacável, sempre pagamos um preço. No entanto, não somos somente nós que sofremos. Toda a nossa comunidade sofre e, em última análise, todo o nosso mundo também. Somos feitos para coexistir em uma delicada teia de interdependência. Somos irmãos e irmãs, gostemos desse fato ou não. Tratar qualquer um como se fosse menos do que humano, menos do que um irmão ou irmã, não importando o que tenha feito, é transgredir as próprias leis de nossa humanidade. E aqueles que esgarçam a teia de nossa interconexão não podem fugir das consequências de seus atos.

Na minha própria família, brigas entre irmãos deram origem a afastamentos que atravessaram gerações. Quando irmãos adultos se recusam a falar um com o outro por causa de alguma ofensa, recente ou antiga, os filhos e netos podem não conhecer a alegria das relações familiares sólidas. Talvez jamais venham a saber o que ocasionou a ruptura. Eles só sabem que "nós não visitamos essa tia" e "não conhecemos bem aqueles primos". O perdão entre os membros das gerações mais velhas poderia

28 | O LIVRO DO PERDÃO

abrir a porta para relacionamentos mais saudáveis e compreensivos entre as gerações mais jovens.

Se o seu bem-estar – sua saúde física, emocional e mental – não é o suficiente, se o seu futuro não é o suficiente, então talvez você perdoe em benefício daqueles que ama, da família que lhe é preciosa. A raiva e a amargura não envenenam apenas você, elas envenenam todos os seus relacionamentos, inclusive o que você tem com seus filhos.

A Liberdade do Perdão

O perdão não depende das ações dos outros. Sim, certamente é mais fácil oferecer o perdão quando o perpetrador expressa o seu remorso e oferece algum tipo de reparação ou ressarcimento. Então, você pode se sentir como se tivesse sido compensado de algum modo. Você pode dizer: "Estou disposto a perdoar você por roubar a minha caneta, mas só depois que a devolver eu o perdoarei." Esse é o modelo mais comum de perdão. Sob esse prisma, o perdão é algo que oferecemos a outra pessoa, um presente que lhe damos, mas um presente condicional.

O problema é que a condição por trás desse presente se transforma nas correntes que nos prendem a quem nos fez mal. São correntes cuja chave o perpetrador detém. Podemos estipular as condições para conceder o perdão, mas é a pessoa que nos fez mal que decide se essas condições são pesadas demais de se cumprir. E assim, continuamos sendo suas vítimas. "Não falo com você até me pedir desculpas!", diz, furiosa, Onalenna, minha netinha. Sua irmã mais velha, achando a exigência injusta, recusa-se a se desculpar. As duas permanecem presas numa batalha de vontades alimentada pelo ressentimento mútuo. Há duas saídas para o impasse: Nyaniso, a mais velha, pode se desculpar, ou Onalenna pode decidir abrir mão dessa exigência e perdoar incondicionalmente.

O perdão incondicional é um modelo de perdão diferente do presente condicional. É um perdão que equivale a uma graça, uma dádiva gratuita que concedemos livremente. Nesse modelo, o perdão liberta a pessoa que infligiu o mal do peso do capricho da vítima – o que a vítima pode exigir para conceder o perdão – e da sua ameaça de vingança. Mas ele também liberta aquele que perdoa. Aquele que oferece o perdão como uma graça é imediatamente desatrelado do jugo que o prende à pessoa que causou o mal. Quando você perdoa, torna-se livre para levar sua vida em frente, para amadurecer, para deixar de ser uma vítima. Quando você perdoa, livra-se do jugo, e o seu futuro é desatrelado do seu passado.

Na África do Sul, a lógica do apartheid semeou a inimizade entre as raças. Alguns dos efeitos venenosos desse sistema ainda perduram. Mas o perdão abriu a porta para um futuro diferente para nós, um futuro que não está preso pela lógica do passado. No começo deste ano eu estava tomando sol, apreciando o alegre vozerio de um grupo de meninas de sete anos na festa de aniversário de minha neta. Elas representavam cada raça de nossa Nação Arco-Íris. Seu futuro não será determinado pela lógica do apartheid. A raça não é a base sobre a qual elas escolherão seus amigos, construirão suas famílias, definirão suas carreiras ou decidirão onde viver. Seu futuro está sendo planejado pela lógica de uma nova África do Sul e pela graça do perdão. A nova África do Sul é um país que está sendo criado porque, descartando o fardo de anos de preconceito, opressão, brutalidade e tortura, algumas pessoas comuns, mas extraordinárias, tiveram a coragem de perdoar.

30 | O LIVRO DO PERDÃO

Nossa Humanidade Comum

Em última análise, o perdão é uma escolha que fazemos, e a capacidade de perdoar os outros provém do reconhecimento de que somos todos imperfeitos e humanos. Todos já cometemos erros e fizemos mal a outros. E isso voltará a acontecer. Achamos mais fácil praticar o perdão quando somos capazes de reconhecer que os papéis poderiam se inverter. Cada um de nós poderia ter sido o perpetrador e não a vítima. Cada um de nós tem a capacidade de cometer os mesmos erros contra os outros que foram cometidos contra nós. Embora eu possa dizer "Jamais seria capaz de...", a verdadeira humildade responderá: "Nunca diga desta água não beberei." Em vez disso, diga: "Gostaria de crer que, no mesmo conjunto de circunstâncias, eu não seria capaz de..." Mas será que podemos mesmo saber?

Como explicamos na Introdução, escrevemos este livro porque, honestamente, não se trata de uma dicotomia. Nenhuma pessoa estará sempre no lado do perpetrador. Nenhuma pessoa estará sempre no lado da vítima. Em algumas situações fomos a parte prejudicada, em outras a parte que prejudicou. E às vezes ficamos em ambos os lados, como ocorre quando, no calor de uma discussão, trocamos ofensas com um cônjuge. Nem todos os males são equivalentes, mas essa não é a questão. Aqueles que fazem comparações entre o quanto prejudicaram e o quanto foram prejudicados afundam num vórtice de vitimização e negação. Aqueles que pensam que estão além de críticas não deram uma olhada honesta no espelho.

As pessoas não nascem se odiando e desejando causar o mal. É uma condição aprendida. Crianças não sonham em crescer para se tornar estupradores ou assassinos, e ainda assim todo estuprador e todo assassino foi criança um dia. E há ocasiões em que olho para alguns desses que são descritos como "monstros" e honestamente acredito que teria sido capaz de cometer o mesmo que eles naquelas circunstâncias. Não digo isso por ser algum santo fora de série. Digo isso porque estive com condenados no corredor da morte, conversei com ex-policiais que admitiram ter infligido as torturas mais cruéis, visitei soldados crianças que cometeram atos da mais nauseante perversidade, e reconheci em cada um deles uma profunda dimensão humana que era um espelho da minha.

O perdão é verdadeiramente a graça através da qual permitimos ao outro que se levante, e se levante com dignidade, para recomeçar. Não perdoar leva à amargura e ao ódio. Como o ódio e o desprezo por si mesmo, o ódio pelos outros nos rói por dentro. Seja o ódio projetado ou reprimido, ele é sempre corrosivo para o espírito humano.

O Perdão Não É um Luxo

O perdão não é algo feérico e fantasioso. Tem a ver com o mundo real. A superação e a reconciliação não são sortilégios. Não apagam a realidade de um mal cometido. Perdoar não é fingir que o que aconteceu não aconteceu. A superação não corre um véu sobre a mágoa. Pelo contrário, a superação e a reconciliação exigem um reconhecimento honesto. Para os cristãos, Jesus Cristo dita o modelo do perdão e da reconciliação. Ele ofereceu o perdão aos seus traidores. Jesus, o Filho de Deus, podia apagar os sinais da lepra, curar os alquebrados de corpo, mente ou espírito, e restituir a visão aos cegos. Ele também teria sido capaz de obliterar os sinais da tortura e da morte que suportou. Mas preferiu não apagar

32 | O LIVRO DO PERDÃO

essas provas. Após a ressurreição, apareceu aos discípulos. Na maioria dos relatos, mostrou a eles suas feridas e cicatrizes. É isso que a superação exige. Um ato contundente, vergonhoso, violento ou humilhante deve ser submetido à luz crua da verdade. E a verdade pode ser brutal. Pode até mesmo exacerbar a mágoa; pode piorar as coisas. Mas, se desejamos o verdadeiro perdão e a verdadeira superação, devemos enfrentar o verdadeiro ferimento.

O Convite para Perdoar

Nos capítulos seguintes, estudaremos o perdão mais a fundo. Examinaremos o que ele não é e o que realmente é. Por ora, basta dizer que o convite para perdoar não é um convite para esquecer. Nem é um convite para afirmar que um ferimento é menos doloroso do que realmente é. Tampouco é um pedido para colar um curativo qualquer na ferida de um relacionamento e dizer que está tudo certo quando não está. Não está certo ser machucado. Não está certo ser agredido. Não está certo ser violentado. Não está certo ser traído.

O convite para perdoar é o convite para encontrar a liberdade e a paz. No meu idioma nativo, o xosa, pede-se perdão dizendo *"Ndicel'uxolo"* (Peço paz). A locução é muito bonita e profundamente perspicaz. O perdão abre a porta para a paz entre as pessoas e cria o espaço para a paz dentro de cada um. A vítima não pode ter paz sem perdoar. O perpetrador não pode ter paz genuína enquanto não é perdoado. Não pode haver paz entre a vítima e o perpetrador enquanto o mal cometido estiver entre eles. O convite para perdoar é um convite para procurar a humanidade do perpetrador. Quando perdoamos,

Por que Perdoar? | 33

reconhecemos como verdadeiro o fato de que, sob as mesmas circunstâncias, poderíamos ter feito o que ele fez.

Se eu trocasse de vida com meu pai, se tivesse experimentado o estresse e as pressões que ele enfrentou, se tivesse sido obrigado a carregar os fardos que carregou, será que teria me comportado como ele? Não sei. Gostaria de crer que teria agido de outro modo, mas não sei.

Meu pai já é falecido há muitos anos, mas se eu pudesse falar com ele hoje, gostaria de lhe dizer que o perdoei. O que exatamente eu diria? Começaria por lhe agradecer por todas as coisas maravilhosas que fez por mim como pai, mas em seguida teria de dizer que houve uma única que me magoou muito. E lhe contaria o quanto tudo que ele fez com minha mãe me afetou, o quanto me fez sofrer.

Talvez ele me ouvisse até o fim; talvez não. Mas eu ainda o perdoaria. Como não posso falar com ele, tive de perdoá-lo no meu coração. Se meu pai estivesse aqui hoje, mesmo que não me pedisse perdão, mesmo que se recusasse a admitir que o que fez foi errado ou não conseguisse explicar por que agiu desse modo, eu ainda o perdoaria. E por que faria tal coisa? Eu trilharia o caminho do perdão com ele porque sei que é o único caminho capaz de aliviar a dor no coração da minha infância. Perdoar meu pai me liberta. Quando não guardo mais rancor por suas ofensas, sua lembrança deixa de exercer qualquer controle sobre meu estado emocional ou minha disposição. Sua violência e minha incapacidade de proteger minha mãe deixam de me definir. Não sou mais o menininho encolhido de medo diante de sua fúria bêbada. Tenho uma nova história, uma história diferente. O perdão libertou a nós dois. Somos livres.

O perdão exige prática, honestidade, uma mente aberta e disposição (mesmo que seja uma disposição cansada) para tentar.

34 | O LIVRO DO PERDÃO

Esta jornada de superação não é um manual, um livro que devamos ler e entender. Esta jornada de cura é uma prática, algo de que devemos participar. Para perdoar verdadeiramente, devemos obter uma melhor compreensão do perdão, mas primeiro é necessário compreender o que o perdão não é. Exploraremos isso no próximo capítulo.

Antes de seguirmos adiante, paremos para ouvir o que o coração ouve.

Vou perdoar você.
Palavras são muito pequenas,
Mas todo um universo se esconde nelas.
Quando eu perdoar você,
Todos esses cordões de ressentimento, dor e tristeza
que se enrolaram no meu coração serão desatados;
Quando eu perdoar você,
Você deixará de me definir.
Você me mediu, me avaliou e decidiu que podia me magoar;
Eu não contei.
Mas vou perdoar você
Porque eu conto, sim,
Porque eu importo, sim;
Sou maior do que a imagem que você tem de mim,
Sou mais forte,
Mais belo
E infinitamente mais precioso do que você me supôs.
Vou perdoar você.
Meu perdão não é um presente que lhe dou:
Quando eu perdoar você,
Meu perdão será um presente que se dará a mim.

Resumo
Por que Perdoar

- O perdão é benéfico à saúde.
- O perdão permite a libertação do passado, do perpetrador e da vitimização futura.
- O perdão cura famílias e comunidades.
- Perdoamos para não sofrer, física ou mentalmente, os efeitos corrosivos de nos apegarmos à raiva e ao ressentimento.
- Somos todos interconectados e a humanidade nos é comum.
- O perdão é um presente que damos a nós mesmos.

Meditação

Abrindo-se para a Luz

1. Feche os olhos e acompanhe os movimentos de sua respiração.
2. Quando se sentir centrado, imagine-se num lugar seguro; pode ser em casa ou ao ar livre, onde seu senso de segurança for maior.
3. No centro do seu espaço seguro há uma caixa com muitas gavetas.
4. As gavetas têm etiquetas. As inscrições mostram mágoas que você deve perdoar.
5. Escolha uma gaveta e a abra. Enrolados, dobrados ou amassados estão todos os pensamentos e sentimentos que o incidente evoca.
6. Você pode decidir esvaziar essa gaveta.
7. Traga sua mágoa à luz e examine-a.
8. Desdobre o ressentimento que sentiu e separe-o.
9. Alise a dor e deixe-a voar em direção ao sol até desaparecer.
10. Se algum sentimento parecer intenso demais ou insuportável, separe-o para ser trabalhado em outra ocasião.
11. Quando a gaveta estiver vazia, ponha-a no colo por um momento.
12. Em seguida, retire a etiqueta.
13. Quando a etiqueta sair, você verá a gaveta se transformar em areia. O vento a levará. Você não precisa mais dela.
14. Não haverá mais espaço para mágoa naquela caixa. O espaço não é mais necessário.
15. Se houver mais gavetas a serem esvaziadas, você pode repetir a meditação agora ou mais tarde.

Ritual com a Pedra

Carregando a Pedra

1. Você precisará da sua pedra (menor que a palma da mão).
2. Durante o espaço de uma manhã (aproximadamente seis horas), segure a pedra em sua mão não dominante. Não a solte por qualquer motivo durante esse período.
3. Ao fim das seis horas, faça o exercício do diário.

Exercício para o Diário

1. O que você notou ao carregar a pedra?
2. Quando notou mais intensamente?
3. Atrapalhou alguma das suas atividades?
4. Foi útil em algum momento?
5. De que modo carregar a pedra foi como carregar uma mágoa não perdoada?
6. Faça uma lista de pessoas que você precisa perdoar na vida.
7. Faça outra lista de todos aqueles que você gostaria que o perdoassem.

Capítulo 2

O que o Perdão Não É

EM UM INSTANTE, A VIDA pode mudar. Para Mpho, esse instante foi em abril de 2012:

Ainda não consigo descrever meus sentimentos totalmente. Um turbilhão de náusea, nojo, medo, confusão e dor. Nossa empregada, Angela, estava caída no quarto de minha filha. Seu corpo brutalizado jazia em meio a uma poça de sangue. Sim, os paramédicos confirmaram pouco depois que ela estava morta. Já fazia algumas horas que morrera. Os dias e semanas seguintes foram um mergulho no caos de uma vida virada de cabeça para baixo. O sangue e o corpo se vão, mas o fato continua a repercutir em nossas vidas.

Sentimos falta dela. Em poucos meses, ela marcou nossas vidas. Suas pequenas manias e sua doçura se tornaram parte da nossa história e da nossa família. Sua alegria deu vida à nossa

40 | O LIVRO DO PERDÃO

casa. Sua curiosa maneira de se expressar se tornou parte da nossa linguagem. Sua ausência é uma sombra triste e assustadora. Choro e pesadelos, terrores e insônia, silêncios frágeis e gemidos de estilhaçar os nervos – tudo isso se tornou parte da nossa nova realidade. A casa onde moramos não é mais um lar. Não podemos mais viver lá. "Alguma coisa foi roubada?", perguntou o jovem policial. Uma vida foi roubada. Não, mais do que uma vida. Havia um corpo, mas muitas vidas foram alteradas irreversivelmente, arrancadas, levadas. Muitas vidas e um lar feliz se perderam. Às vezes eu me sinto triste pelo assassino, indizivelmente triste. Outras vezes, sinto raiva. Como alguém pode ter sido tão vil? Como qualquer um pode ser tão brutal? Por que Angela? Que mal fez ela a alguém? Como alguém se atreveu a violar minha casa? Há momentos em que a raiva se transforma em ódio, e outros em que sinto vontade de me vingar!

Com um único ato de violência e ódio, podemos experimentar um horror e um abatimento tão grandes que não achamos que seremos capazes de sobreviver. Vemos isso nos noticiários à noite: crianças desaparecem para nunca mais serem vistas, ou seus corpos são encontrados, descartados como lixo. Lemos sobre isso nos jornais: a tortura e o estupro de mulheres que se veem presas no fogo cruzado de guerras civis. Vemos isso na Internet: salas de aulas e cinemas onde inocentes são fuzilados indiscriminadamente, assassinados de maneira trágica, brutal e gratuita. Ouvimos relatos sobre motoristas que fazem disparos de um automóvel e fogem em alta velocidade, gangues retaliando contra gangues, mortes vingadas por mais mortes. Vemos, lemos e ouvimos, mas fazemos tudo isso de longe, num triste distanciamento dos horrores que as pessoas são capazes de infligir umas às outras.

Até que acontece conosco. E o horror que um dia testemunhamos a distância, como se fosse um filme ou uma peça de teatro, está agora em nossa casa, em nossa sala de aula, em nossa vizinhança.

Em nossas próprias famílias.

Há momentos em que Mpho não consegue se imaginar jamais perdoando a pessoa que trouxe tanto horror para sua casa; a pessoa que para sempre e indelevelmente marcou a psique e a infância de suas filhas com um único e gratuito ato de brutalidade. Digo isso a você porque, mesmo para as pessoas de fé, que acreditam no perdão incondicional, mesmo para pessoas como Mpho e eu – que ousam escrever livros sobre o perdão –, ele não é fácil. Não é fácil para Mpho. Não é fácil para mim. E é compreensível que não seja fácil para você.

O Perdão Não É uma Fraqueza

Todos aspiramos a ser capazes de perdoar. Admiramos e estimamos aqueles que conseguem encontrar a disposição de perdoar, mesmo quando são traídos, enganados, roubados, iludidos ou coisa ainda pior. Os pais que perdoam o assassino de seu filho nos inspiram algo semelhante a assombro. A mulher que consegue perdoar seu estuprador parece dotada de um tipo especial de coragem. Um homem perdoa aqueles que o torturaram brutalmente, e consideramos seu gesto heroico. Vemos essas pessoas e gestos, e será que consideramos os que perdoam fracos? Não. O perdão não é fraco. Não é passivo. Não é para os pusilânimes.

Perdoar não significa ser covarde, nem significa que a pessoa não se revolte. Eu me revolto, principalmente quando vejo outros sendo prejudicados, ou seus direitos desrespeitados. Conheci

42 | O LIVRO DO PERDÃO

pessoas que se mostraram compassivas e capazes de perdoar, mesmo nas mais duras circunstâncias, enquanto eram submetidas aos piores maus-tratos. O bispo malusi Mpumlwana é uma dessas pessoas. Preso como ativista antiapartheid, ele suportou torturas físicas excruciantes nas mãos da polícia sul-africana. Essa experiência renovou seu compromisso com a luta antiapartheid. Ele não se engajou por sede de vingança. Contou-me que, em meio à tortura, teve um insight assombroso: "Esses homens são filhos de Deus, e estão perdendo a sua humanidade. Temos que ajudá-los a recuperá-la." É um feito notável conseguir ignorar a desumanidade do comportamento e reconhecer a humanidade de quem comete as atrocidades. Isso não é fraqueza. É uma força heroica, a mais nobre força do espírito humano.

Aos doze anos de idade, Bassam Aramin viu um menino de sua idade ser fuzilado por um soldado israelense. Naquele momento, ele sentiu uma "profunda necessidade de vingança" e ingressou num grupo de guerrilheiros em Hebron. Alguns o chamaram de terrorista, mas ele sentia estar lutando por sua segurança, seu lar e seu direito de ser livre. Aos dezessete anos, foi preso por planejar um ataque contra tropas israelenses, e condenado a sete anos de prisão. Lá, só aprendeu a sentir ainda mais ódio, ao ser despido e surrado por guardas. "Eles batiam em nós sem ódio, porque para eles aquilo era apenas um treino e éramos vistos como objetos."

Enquanto estava preso, um dia Bassam começou a conversar com o seu carcereiro israelense. Cada um achava que o outro é que era o "terrorista" e ambos negavam ser o "intruso" na terra que compartilhavam. Através de suas conversas, compreenderam o quanto tinham em comum. Foi a primeira vez que Bassam se lembra de ter sentido empatia na vida.

O *que o Perdão Não É* | 43

Observando a transformação que ocorreu entre ele e seu captor, quando reconheceram sua humanidade comum, Bassam percebeu que a violência jamais poderia trazer a paz. Essa conscientização mudou sua vida.

Em 2005, Bassam Aramin cofundou um grupo chamado Combatants for Peace [Combatentes pela Paz]. Não pegou em uma arma desde então, mas para ele isso não é um sinal de fraqueza e sim de verdadeira força. Em 2007, sua filha de dez anos, Abir, foi morta a tiros por um soldado israelense quando estava diante da escola. Bassam diz: "O assassinato de Abir poderia ter me levado ao caminho fácil do ódio e da vingança, mas para mim não há volta do diálogo e da não violência. Afinal, foi um soldado israelense que matou minha filha, mas foram cem ex-soldados israelenses que construíram um jardim em seu nome na escola onde ela foi assassinada."[6]

Volto a dizer: o perdão não é uma fraqueza.

O Perdão Não É uma Subversão de Justiça

Há aqueles que acreditam que uma injustiça só pode ser reparada quando alguém é obrigado a pagar pelo mal que causou. O perdão, dizem, subverte o curso da justiça. A verdade é que as pessoas sempre viverão com as consequências de seus atos. Em alguns casos, o perdão oferecido pela parte prejudicada vem depois que o perpetrador já cumpriu a sua pena. Foi o caso da Irlanda do Norte. Em 2006, a BBC exibiu um documentário em série, *Facing the Truth*, que reuniu vítimas e perpetradores do violento conflito naquele país. O notável nesse processo foi que, ao contrário da Comissão da Verdade e Reconciliação na África do Sul, a série não tinha o poder

44 | O LIVRO DO PERDÃO

de conceder anistia aos perpetradores. Na verdade, os perpetradores que tomaram a iniciativa de buscar o perdão já haviam sido julgados e condenados pelos seus crimes. Já haviam cumprido suas penas. Mas ainda assim eles vieram. Não para mudar o passado ou desafiar a justiça. Vieram para buscar o perdão. Mesmo o Deus cristão não subverte a justiça temporal para abrir a porta ao perdão e à paz eternos. O ladrão crucificado ao lado de Jesus foi a única pessoa a quem o paraíso foi prometido. Ele morreu na cruz por seus crimes. Vive na eternidade por seu arrependimento.

Mesmo quando os perpetradores recebem anistia e imunidade da promotoria, como no processo da CVR na África do Sul, não se pode considerar que "se safaram impunemente". Ao se apresentarem diante da comissão para falar de seus atos, eles mudaram para sempre o status que tinham em suas famílias e comunidades. Depois de anos escondendo suas atrocidades, tiveram que se mostrar num lugar público e contar a verdade a respeito de sua crueldade, insensibilidade e atos criminosos. Sim, eles foram anistiados, mas a justiça não se subverteu no coração das muitas vítimas e famílias que precisavam conhecer a verdade.

Com frequência, mesmo depois que a "justiça" é feita, muitos sentem que a história não terminou, que ninguém descobriu um caminho para um novo começo. O perdão é a única saída da armadilha criada por todo mal cometido.

O Perdão Não É Esquecimento

Alguns consideram o perdão difícil porque acreditam que perdoar significa esquecer a dor que sofreram. Posso dizer inequivocamente que perdoar não significa esquecer o mal causado. Não significa negar o mal causado. Não significa fingir que a mágoa não aconteceu ou o ferimento não foi tão sério quanto realmente foi. Muito pelo contrário. O ciclo do perdão só pode ser ativado e completado com absoluta verdade e honestidade.

Perdoar exige que demos vazão às violações e mágoas que sofremos. Perdoar não exige que carreguemos nosso sofrimento em silêncio ou sejamos mártires numa cruz de mentiras. O perdão não significa que devamos fingir que as coisas são diferentes do que são. *Estou magoado*, dizemos. *Fui traído*, anunciamos. *Estou sofrendo. Fui injustiçado. Estou envergonhado. Sinto raiva por terem feito isso comigo. Sinto-me triste e perdido. Talvez eu nunca esqueça o que você fez comigo, mas vou perdoá-lo. Vou fazer tudo ao meu alcance para não deixar que você me faça mal novamente. Não vou me vingar de você ou de mim mesmo.*

Se os males cometidos obedecem a um padrão, então nenhum deles é um caso isolado. Há a História, e não nos convém esquecer a História. Há sempre o risco, quando perdoamos, de que nem tudo termine bem. Assim como damos um salto de fé quando nos comprometemos a amar alguém e nos casar, também damos um salto de fé quando nos comprometemos a praticar o perdão. Não esquecemos ou negamos que sempre seremos passíveis de ser magoados novamente, mas damos o salto mesmo assim.

O Perdão Não É Fácil

Muitas vezes, quando sofremos algum tipo de perda ou prejuízo, perdoar pode parecer uma coisa enorme, complicada demais para sequer ser levada em consideração. Como perdoar, se não houve qualquer pedido de desculpas ou explicação sobre os motivos que levaram alguém a nos magoar

46 | O LIVRO DO PERDÃO

tanto? Como podemos pensar em perdoar quando sentimos que a pessoa nada fez para "merecer" nosso perdão? Por onde começar? O trabalho do perdão não é fácil. Talvez você já tenha tentado perdoar alguém e simplesmente não conseguiu. Talvez tenha perdoado e a pessoa não demonstrou qualquer remorso, mudou de atitude ou admitiu suas ofensas – e agora você se sente incapaz de perdoar novamente.

O perdão não é um ato fácil para nenhum de nós, e não convém a ninguém minimizar a complexidade envolvida no trabalho de perdoar. É melhor dividir o perdão em pequenas etapas, e começar do ponto em que se encontra. Conte a sua história durante quanto tempo sentir necessidade. Fale de suas mágoas até não mais apunhalarem seu coração. Conceda o perdão quando estiver pronto para abrir mão de um passado que não pode ser mudado. Renove ou abra mão do relacionamento, a seu critério.

Perdoar não é fácil, mas é o caminho para a superação. Não foi fácil para Nelson Mandela passar vinte e sete anos na prisão, mas quando me dizem que foi um desperdício, respondo que não, não foi um desperdício. Foram precisos vinte e sete anos para que o jovem radical, revoltado e implacável que ele foi se transformasse em um emblema da reconciliação, do perdão e da honra, capaz de resgatar um país que se encontrava à beira da guerra civil e da autodestruição.

Nosso sofrimento, nossas dores e nossas perdas têm o poder de nos transformar. Nem sempre parece justo, nem é fácil, mas vimos que, com o tempo, um grande bem pode se originar de uma grande dor. No próximo capítulo, começaremos a explorar o Quádruplo Caminho do Perdão.

Mas antes, paremos para ouvir o que o coração ouve.

Deus perdoa incondicionalmente;
Nós também podemos.
O ladrão na cruz ainda morre na cruz,
Mas o perdão libertará seu espírito.
E você e eu, com nossas gigantescas pilhas de mágoas –
Será que morreremos mil mortes antes de morrermos?
Ansiando pela vingança, será que morreremos dessa sede?
Será a raiva que nos devora a fogueira onde arderemos?
Tropeçaremos em cada obstáculo posto em nosso caminho
E ficaremos presos na infelicidade disso tudo?
Ou aceitaremos o risco pela chance de nos libertar,
Seguindo o caminho que leva
Para além dos porquês e das mentiras que dizem não ser possível?
Essa é a nossa chance.
Aproveite-a.
Liberte-se.

Resumo
O que o Perdão Não É

- O perdão não é fácil – ele exige trabalho duro e uma disposição consistente.
- O perdão não é uma fraqueza – ele requer coragem e força.
- O perdão não subverte a justiça – ele cria espaço para que a justiça se faça com uma pureza de propósito que não inclui a vingança.
- O perdão não é esquecimento – ele exige uma recordação destemida da dor.
- O perdão não é rápido – ele pode exigir várias jornadas pelos ciclos de recordação e dor até se poder verdadeiramente perdoar e ser livre.

Meditação

Sentar no Espaço Seguro

Às vezes, o trabalho do perdão parece cansativo, e você só quer ficar tranquilo no seu canto e se sentir seguro. Para esta meditação, você criará um manto de segurança que estará sempre ao seu alcance.

1. Comece sentando-se confortavelmente. Se preferir, feche os olhos.
2. Preste atenção à sua respiração. Não a dirija. Siga-a.
3. Quando tiver se adaptado ao ritmo de sua respiração, sinta um manto de segurança envolvendo-o como um tecido.
4. Qual é a textura desse manto? Tem alguma cor? Alguma fragrância?
5. Acomode-se dentro do manto. Ele é quente ou fresco?
6. Descreva o manto em sua imaginação com o máximo de detalhes possível. Puxe o manto ao seu redor e desfrute a sensação de segurança.
7. Quando sentir necessidade desse manto, saiba que estará sempre ao seu alcance.

Ritual com a Pedra

Marcar os Mitos

1. Pegue a sua pedra. Coloque-a sobre uma folha do seu diário e passe um lápis ou caneta em volta dela.
2. Faça cinco marcas dentro da pedra desenhada.
3. Dentro de cada marca escreva o nome de algo que o perdão não é. O perdão não é:
   a. fraqueza
   b. injustiça
   c. esquecimento
   d. fácil
   e. rápido
4. Para cada um desses mitos sobre o perdão, recorde algum modo como o mito o está impedindo de conceder o perdão.

Exercício para o Diário

Perdoar é um processo de abrir mão.

1. Pense nas coisas de que deve desistir ou abrir mão para poder perdoar.
2. A lista pode incluir itens como o direito de se vingar ou a expectativa de receber um pedido de desculpas. Talvez até inclua ter que abrir mão da expectativa de que a pessoa que o magoou compreenda a dor que lhe causou.
3. Ao fazer a lista, pare a cada item e agradeça pela capacidade de abrir mão daquilo de que não precisa para poder perdoar.

Capítulo 3

Compreender o Quádruplo Caminho

MPHO A CONHECEU NO HOSPITAL. Era uma menina bonita, que acabara de entrar na adolescência. Fora encontrada dormindo no banheiro da escola. Após dias de obstinado silêncio, enquanto as enfermeiras lhe davam doces e refrigerantes *proibidos*, ela começou a falar. A história se desenrolou entre fragmentos de ódio, medo e traição. Depois de anos sozinha, sua mãe voltara a se casar. No começo, o homem era atencioso. Atencioso com sua mãe. Atencioso com ela. Mas logo começou a ser atencioso demais com ela. E então, foi horrível. Ela tentou contar à mãe. Mas a mãe já sabia. E do que as duas viveriam, se ele fosse embora ou para a prisão?

— Você não pode contar. Não se atreva a contar.

O medo e a traição a levaram a fugir de casa. A revolta fez com que se mantivesse naquele obstinado silêncio. Depois de

54 | O LIVRO DO PERDÃO

contar a verdade pela primeira vez, ela a contou muitas outras, falando sobre sua dor e mágoa, abrindo caminho por entre o medo. Como aquele homem podia ter feito o que fizera? Como sua mãe podia ter deixado de protegê-la? No começo, foi como se seus sentimentos se endurecessem numa bola de mágoa e revolta. Com o tempo, à medida que ia falando, foi como se olhasse para além da raiva e do sofrimento e enxergasse o medo e a vergonha da mãe. O que a mãe suportara não tornava aceitável o que acontecera com a filha. Mas, quando ela começou a reconhecer algo da experiência da mãe, a dura bola de revolta começou a amolecer e se dissolver. Ela estava começando a perdoar.

Depois de compreender o que o perdão não é, devemos analisar profundamente o que o perdão é, e o processo real do perdão. Nenhum de nós quer que a história de sua vida seja a soma de todas as suas mágoas. Não fomos criados para viver na dor e no isolamento. Fomos criados para viver no amor e na conexão mútua. Quando há uma ruptura nessa conexão, devemos encontrar um modo de repará-la.

O método que oferecemos é o que chamamos de Quádruplo Caminho. O primeiro passo nesse caminho é Contar a História; em seguida vem Dar Vazão à Mágoa, Conceder o Perdão e, finalmente, Renovar ou Abrir Mão do Relacionamento. O perdão não é novo, e o que descrevemos é algo que os seres humanos vêm fazendo ao longo da História em todas as culturas do planeta. O Quádruplo Caminho provavelmente remonta a Adão e Eva, com sua maçã complicada. Sim, os seres humanos vêm tendo que se perdoar desde que se entendem por gente.

Compreender o Quádruplo Caminho | 55

Retaliar ou Reconectar

Os biólogos evolucionários sugerem que estamos programados para buscar a vingança e revidar quando somos feridos. Foi desse modo que nossos ancestrais sobreviveram às ameaças que enfrentaram, e agora é assim que nossa natureza reage às ameaças. O que podemos fazer senão retaliar, quando é o que está nos nossos genes? Se alguém nos dá um soco violento, devemos dar outro ainda mais violento na pessoa. Como disse Darwin, é a sobrevivência do mais forte.

Mas será verdade? Não resta dúvida de que a vingança faz parte da nossa biologia evolucionária, mas também não resta dúvida de que estamos programados para perdoar e nos reconectar. Os primatologistas afirmam que até os macacos parecem tentar agradar àqueles a quem ferem. Eles estendem as mãos uns para os outros e ficam muito agitados quando o grupo não está em harmonia. Entre os humanos, a palavra "desculpe" figura entre as primeiras do vocabulário de uma criança, junto com "por favor" e "obrigado". Essa ânsia de harmonia é a razão por que nos comovemos quando ouvimos que alguém que foi lesado decidiu perdoar. É a razão por que as histórias que compartilhamos neste livro calam tão profundamente. Em algum lugar, no fundo do coração, sabemos que o perdão é realmente o caminho que conduz à harmonia e à paz.

O fato de termos o impulso de nos vingar não é uma justificativa moral para revidarmos quando somos feridos. Só porque temos um ato programado no cérebro, isso não significa que tenhamos uma justificativa para nos permitir cometer aquele ato. Temos o impulso de agredir em muitos contextos, mas sabemos que não devemos agir motivados por ele. Temos o impulso sexual, mas compreendemos que agir sob esse impulso nem sempre é apropriado, por isso nos contemos. Embora estejamos programados para a vingança e a agressão, os cientistas também demonstraram que estamos programados para a conexão. Nosso cérebro quer que nos conectemos uns com os outros; na verdade, o ostracismo ou o banimento – a recusa em se conectar – são, há muito tempo, uma forma de punição que indivíduos e comunidades impõem àqueles que incorrem em sua ira. Os cientistas agora estão estudando os neurônios-espelho, os mecanismos em nosso cérebro que nos permitem sentir o que os outros sentem.[7] Somos criaturas sociais, e nossa sobrevivência física depende tanto de conexões sociais e relacionamentos felizes quanto de oxigênio, água e alimento. Embora tudo isso seja verdade, reconheço que não torna o perdão mais fácil quando se está infeliz e sofrendo, ou quando seu mundo foi virado de cabeça para baixo por algum ato gratuito ou injusto de violência ou crueldade.

Sempre que somos feridos, enfrentamos a escolha de retaliar ou nos reconectar. Quando buscamos a vingança, isso não nos satisfaz; para citar Mahatma Gandhi, se praticarmos a lei do olho por olho, acabaremos todos cegos. Se alguém me insulta e eu, por minha vez, devolvo o insulto, isso não me proporciona satisfação. Como já dissemos, a retaliação não retira o insulto sofrido, nem ameniza a mágoa causada por ele. Uma parte de mim sabe que não é assim que eu deveria reagir, e a sensação não é boa quando ajo desse modo. Há uma dignidade que admiramos, e à qual aspiramos, naqueles que se recusam a retribuir a agressão com a agressão, a violência com a violência, o ódio com o ódio.

Vamos tentar compreender como somos atraídos para o ciclo da vingança e da ruptura, e como podemos escolher o ciclo do perdão e da liberdade, que chamamos de o Quádruplo Caminho.

Já vimos como esses dois impulsos, um voltado para a retaliação e o outro para a reconexão, lutam no nosso coração. Pode nos ser útil observar em detalhes o momento dessa escolha, o instante em que decidimos trilhar o caminho da vingança e nos enredar no sofrimento, ou optar pelo caminho do perdão e sermos libertados para a superação. Observe o diagrama abaixo para ter uma representação visual do processo que descrevemos:

Como somos criaturas frágeis e vulneráveis, é inevitável que experimentemos alguma mágoa, mal ou perda. A ferida pode ser física, emocional ou psicossocial. Podemos ser feridos por uma arma ou uma palavra. Podemos ser ofendidos, rejeitados ou traídos. Donna Hicks, em seu maravilhoso livro *Dignity*, observa que todos esses males são afrontas à nossa dignidade psíquica, emocional ou social. Não há como conviver com os outros sem, em algum momento, sermos feridos. É esse ferimento que nos põe no ciclo. Imagino que Deus poderia nos ter criado como

58 | O LIVRO DO PERDÃO

criaturas indiferentes aos atos alheios, mas não é assim que somos. Imagino que poderíamos ter evoluído de outro modo, sem precisarmos de ninguém, sem nos importarmos com ninguém, mas não foi esse o caminho que a evolução seguiu.

A reação à mágoa é universal. Cada um de nós experimenta a tristeza, a dor, a raiva, a vergonha ou uma combinação dessas emoções. Em seguida vem o momento da escolha, embora para a maioria de nós essas reações sejam tão habituais, que nem nos damos conta de que a escolha existe. O que acontece, com muita frequência, é que entramos sem a menor consciência no Ciclo da Vingança. A afronta é tão dolorosa, tão intolerável, que não conseguimos aceitá-la, e em vez de pôr a mão no coração e chorar pelo que perdemos, apontamos o dedo ou brandimos o punho para aquele que nos fez mal. Em vez de abraçar a tristeza, fomentamos a raiva. Sentimo-nos compelidos a restaurar nossa dignidade rejeitando a dor e negando a mágoa. Essa rejeição nos coloca no circuito fechado do Ciclo da Vingança.

Já tive uma experiência dessas. Alguns anos atrás, recebi um prêmio de uma associação beneficente nos Estados Unidos. A cerimônia foi realizada num hotel luxuoso em Washington, DC, e apresentada por uma atriz famosa. Na manhã seguinte ao evento, eu estava sentado no saguão do hotel, esperando que meus anfitriões viessem me buscar para uma série de encontros. Como sempre, usava um terno escuro, incluindo uma camisa roxa com colarinho clerical e uma cruz peitoral. Estava segurando o boné de pescador grego que é minha assinatura visual. Um rapazinho da equipe de carregadores do hotel me abordou: "Você é o motorista da [atriz famosa]?" Antes mesmo que eu tivesse tempo de assimilar a pergunta, já havia levado um choque. A emoção nublou totalmente a razão. Aquele rapaz só percebera que eu era um homem negro, de certa idade, com um terno e um boné? Não lhe ocorrera que um chofer esperaria na frente do hotel, ao lado do carro? Se eu fosse branco e estivesse vestido do mesmo modo, será que ele teria feito a mesma pergunta? Minha dignidade certamente fora atacada. Eu queria revidar, arrastar aquele menino petulante até o gerente, submetê-lo à mesma humilhação a que ele me havia submetido. Queria me livrar da sensação de afronta. Não queria admitir o ponto triste e vulnerável que a farpa atingira.

Quando não conseguimos admitir nossas próprias feridas, não conseguimos ver o outro como alguém que também foi ferido e nos fez mal por ignorância, dor, ou por estar neurótico. Rejeitamos nossa unicidade. Percorremos o Ciclo da Vingança rejeitando nossa humanidade comum. Sem o reconhecimento desse fato, o vínculo entre nós se esgarça e o tecido social se rasga. Ficamos a um curto passo de exigir a vingança. Para resgatar nossa dignidade, achamos que devemos devolver na mesma moeda. Retaliamos. E a retaliação, por sua vez, causa mais mágoas, mais danos e mais perdas, o que mantém o Ciclo da Vingança em eterno funcionamento. Há famílias, tribos e nações inteiras que ficaram presas no Ciclo da Vingança por gerações e gerações.

Embora a vingança possa ser um impulso natural, não somos obrigados a sucumbir ao seu canto de sereia. Há outra saída, que chamamos de Ciclo do Perdão. Começa a partir de uma mágoa, dano ou perda, simultaneamente à tristeza, à raiva e à vergonha que todos experimentamos. Em vez de rejeitar nossa dor e mágoa, no Ciclo do Perdão nós as aceitamos. Seja uma pequena ofensa à nossa dignidade ou um pequeno insulto que sofremos de um cônjuge, ele é capaz de pôr fim ao processo, e podemos perdoar rapidamente. No entanto, se tivermos sido profundamente magoados, perdido alguém ou algo que

60 | O LIVRO DO PERDÃO

nos era caro, essa parte do Ciclo do Perdão pode ser intensa e demorada. Nos próximos capítulos, discutiremos os passos do processo em maiores detalhes.

Como a menina cuja história abre este capítulo veio a descobrir, contando nossas histórias e expressando nossa dor tornamo-nos capazes de enfrentar o sofrimento. Em vez de rejeitar a dor e a mágoa, como fizemos no Ciclo da Vingança, somos capazes de reconhecer e aceitar esses sentimentos. Quando a ferida é profunda, o espaço entre a tristeza inicial e a plena aceitação da dor é uma jornada pelos seus vários estágios – negação, raiva, barganha, depressão e, por fim, aceitação. Os estágios da dor não vêm em nenhuma ordem estabelecida, e muitas vezes regridem uns aos outros enquanto experimentamos ondas de mágoa e depressão. Quando encaramos e aceitamos a dor, começamos a reconhecer que não somos obrigados a ficar presos à nossa história.

A pessoa que nos feriu também tem uma história. Ela nos feriu porque ficou presa nessa história e agiu movida pela dor, pela vergonha ou pela ignorância. Ela ignorou nossa humanidade comum. Quando vemos a dor por esse prisma, somos capazes de enxergar nosso vínculo comum. Somos capazes até de sentir empatia pelo perpetrador. Podemos começar a abrir mão de nossa identidade como vítimas e da identidade do outro como perpetrador.

Foi o caso da menina que Mpho conheceu no hospital: quando ela começou a aceitar sua dor, pôde perceber a dor e o medo da mãe. E também foi o meu caso: quando aceitei que havia em mim uma ferida não cicatrizada, aberta pelo racismo e pelo apartheid, pude perceber o signo visual que provocara o equívoco do carregador. E é o caso tanto das pequenas ofensas quanto das grandes mágoas. Quando aceitamos nossa dor, podemos começar a ver além dela e a perceber a ferida do outro. Podemos começar a considerar que,

Compreender o Quádruplo Caminho | 61

se estivéssemos no seu lugar, se carregássemos a sua história, talvez tivéssemos feito com ela, ou com outros, o que ela fez conosco. Podemos repudiar e lamentar o que fizeram conosco, ou com aqueles que amamos, mas pelo menos conseguimos separar a pessoa do seu ato. Em suma, devemos ter em mente que aceitando nossa vulnerabilidade, aceitamos a do perpetrador; aceitando nossa humanidade, aceitamos a dele.

Quando conseguimos aceitar tanto nossa humanidade quanto a do perpetrador, podemos escrever uma nova história, uma história em que não somos mais vítimas e sim sobreviventes, talvez até heróis. Nessa nova história, podemos aprender e amadurecer a partir do que nos aconteceu. Podemos até usar nossa dor como um impulso para reduzir a dor e o sofrimento de outros. É nesse momento que sabemos que superamos. Superar não significa reverter. Não significa que o que aconteceu nunca mais vai nos fazer sofrer, que nunca mais vamos sentir falta daqueles que perdemos ou do bem que nos foi tirado. Superar significa que nossa dignidade é restaurada e podemos seguir adiante.

Quanto Tempo se Leva para Perdoar?

Gostaria de conhecer a resposta para essa pergunta, mas ninguém pode responder pelos outros. O perdão pode ser muito rápido, acontecer em questão de minutos, ou exigir uma jornada de anos pelo Quádruplo Caminho. Depende muito da natureza da mágoa e da história única de cada situação e emoção. Ninguém tem o direito de lhe dizer em que velocidade você deve trilhar esse caminho. Tudo que podemos dizer é que o caminho o aguarda quando você estiver pronto. Nos próximos capítulos, discutiremos cada um desses quatro

62 | O LIVRO DO PERDÃO

passos fundamentais: Contar a História, Dar Vazão à Mágoa, Conceder o Perdão, e Renovar ou Abrir Mão do Relacionamento. Para aqueles que chegaram a estas páginas por precisarem ser perdoados, o Capítulo 8 abordará os passos complementares necessários aos que se encontram nessa situação. Ainda assim, como dissemos desde o início, todo aquele que feriu também foi ferido. Recomendamos enfaticamente que primeiro você trilhe o Quádruplo Caminho para encontrar o perdão no seu coração para aqueles que lhe fizeram mal. Ao trilhar o caminho com a intenção de perdoar, você compreenderá mais profundamente a dádiva que a um só tempo está pedindo e concedendo ao outro ao lhe pedir que perdoe o que você fez. O poder dessa prática, o poder desse caminho, é que fazemos bem tanto ao perdoar quanto ao sermos perdoados. Fazemos bem ao perdoar os outros e ao perdoarmos a nós mesmos.

O perdão faz com que você se sinta como se um peso tivesse sido tirado das suas costas, e você se torna livre para abrir mão do passado e levar sua vida em frente. Pode não ser encontrado num ato único de graça ou numa simples sequência de palavras, mas num processo de verdade e reconciliação.

Linda Biehl, mãe de Amy Biehl, bolsista da Comissão Fulbright, falou sobre seu encontro e trabalho, na Amy Biehl Foundation, com os homens que assassinaram sua filha.

– Eu os perdoei – diz ela. – Todos os dias eu acordo e minha filha está morta. A maioria dos dias eu acordo e tenho que ficar cara a cara com seus assassinos. Algumas vezes, tenho que perdoá-los novamente.

O Quádruplo Caminho é um diálogo que começa com a escolha pessoal de superar uma situação e se libertar, de buscar a paz e criar uma nova história. Em meio à nossa mágoa e depressão, enfrentamos a escolha entre qual dos caminhos seguir: a retaliação ou a reconciliação. Podemos escolher fazer o mal ou

Compreender o Quádruplo Caminho | 63

podemos escolher superar. Não importa se carregamos nosso sofrimento há muito ou pouco tempo. Não importa se o outro está arrependido ou não. Não importa se quem nos prejudicou não reconhece ou admite o mal feito. Não importa se acreditamos que o perpetrador não pagou por seus crimes contra nós, porque, como já dissemos, o perdão não é uma escolha que se faz para o outro, e sim uma escolha que se faz para si mesmo.

Na Comissão da Verdade e da Reconciliação, pude ver, repetidas vezes, pessoas escolherem o caminho do perdão com coragem, nobreza e magnanimidade. Qualquer uma dessas vítimas poderia ter escolhido dar seguimento ao ciclo da violência e da retaliação, mas, ao invés, elas preferiram buscar a verdade, enfrentar a dor e reconhecer tanto sua própria humanidade quanto a dos perpetradores que as haviam lesado tão gravemente. Escolheram o difícil caminho do perdão. O perdão raramente é fácil, mas sempre é possível.

Algumas Pessoas Estão Aquém do Perdão?

E quanto à maldade?, você pode perguntar. Não é um fato que algumas pessoas são más, verdadeiros monstros, e indignas de perdão?

Acredito que existem atos maus e monstruosos, mas não que aqueles que os cometem sejam maus, que sejam monstros. Reduzir alguém ao nível de monstro é negar tanto a capacidade dessa pessoa de mudar quanto sua responsabilidade por seus atos e comportamento. Em janeiro de 2012, em Modimolle, uma pequena comunidade agrária na província de Limpopo, na África do Sul, um homem chamado Johan Kotze cometeu atos de proporções verdadeiramente

64 | O LIVRO DO PERDÃO

monstruosas. Com efeito, tal foi o horror de seus atos, que os jornais e a cidade o chamaram de "O Monstro de Modimolle". Fiquei horrorizado com a história que li. Todos nós ficamos. Segundo depoimentos, Johan Kotze forçou três empregados, ameaçando-os com uma arma, a estuprar e mutilar sua mulher, que estava separada dele. Em seguida, ele a amarrou e a forçou a ouvir enquanto ele assassinava a tiros o filho dela no quarto ao lado. Johan Kotze alegou que foi levado a cometer esse crime hediondo por ver a mulher com outro homem, e, em seu ódio, escolheu o caminho da vingança.

Existem, sem dúvida, crimes bárbaros e atrozes. São atos tão monstruosos que temos razão em condená-los. O que me abalou profundamente ao ver a cobertura que a mídia fez do caso foi que a indignação virtuosa provocada pelos atos de que o Sr. Kotze é acusado levou os jornalistas a chamá-lo de monstro. Em resposta, escrevi uma carta ao jornal *The Star*. Nela, argumentei que, embora ele possa de fato ser culpado por atos desumanos, hediondos e monstruosos, ele não é um monstro. Na verdade, nós o inocentamos ao chamá-lo de monstro, porque monstros não têm capacidade de discernir entre o certo e o errado e, portanto, não podem ser moralmente condenados, não podem ser moralmente culpados. O mesmo é válido para todos aqueles que temos o impulso de classificar como monstros. Não, o Sr. Johan Kotze continua sendo um filho de Deus, com a capacidade de se tornar um santo.

Essa carta chocou a muitos. Mas o mundo está cheio de pecadores cruéis e criminosos de todos os tipos que transformaram a si mesmos e a suas vidas. Na tradição cristã, sempre relembramos a história do criminoso arrependido que foi crucificado ao lado de Jesus. Era um homem que havia cometido crimes puníveis com a morte. Jesus lhe prometeu que, por causa de seu arrependimento, "hoje entraremos

Compreender o Quádruplo Caminho | 65

juntos no Reino dos Céus". Ele foi perdoado. A Bíblia está cheia de histórias de seres inconsequentes, imorais e criminosos que transformaram suas vidas, que se tornaram santos. Pedro, o discípulo que traiu sua amizade e renegou Jesus – não uma, mas três vezes –, foi perdoado e se tornou o líder dos apóstolos. Paulo, o violento perseguidor dos que professavam a incipiente fé cristã, tornou-se o semeador que plantou comunidades cristãs por todo o mundo gentio.

Condenemos as atrocidades, mas jamais abandonemos a esperança de que os perpetradores dos mais hediondos crimes possam mudar, e talvez mudem. Sob muitos aspectos, foi essa a base do nosso processo de verdade e reconciliação. As histórias que ouvimos na CVR foram horrendas, algumas de gelar o sangue, e ainda assim testemunhamos extraordinários atos de perdão em que perpetrador e vítima se abraçaram em público. Acreditamos então, e ainda acreditamos hoje, que é possível as pessoas mudarem para melhor. É mais do que apenas possível; está na nossa natureza... em cada um de nós.

Em meu apelo para que a população de Modimolle parasse de chamar o Sr. Kotze de monstro, busquei na minha fé cristã os exemplos necessários. Mas a capacidade de separar o pecado do pecador não é uma questão de fé ou religião, e tampouco o perdão. O Ciclo do Perdão é um ciclo universal e não sectário. Obviamente, na fé que Mpho e eu compartilhamos, nosso modelo máximo de perdão é Jesus Cristo, que na cruz foi capaz de invocar o perdão para aqueles que o torturaram e, por fim, mataram. Mas o perdão não exige fé. Para algumas pessoas, a fé torna o processo mais fácil. Mas, assim como não perdoamos pelos outros, também não perdoamos por Deus.

Já disse antes que, no mesmo conjunto de circunstâncias, sob as mesmas pressões e influências, eu poderia ter sido um

66 | O LIVRO DO PERDÃO

Hitler, ou um Kotze. Espero que não. Mas poderia ter sido. Não vou classificar ninguém como estando aquém do perdão, a despeito do que essa pessoa fez. Descobri que a esperança e a bondade podem às vezes emergir até mesmo nos mais improváveis contextos. Como vimos, o perdão não avaliza um ato. O perdão não exime alguém da responsabilidade pelo que fez. O perdão não apaga a autoria. Não se trata de fazer vista grossa ou ofertar a outra face. Não se trata de permitir que alguém livre a cara ou de dizer que é aceitável fazer algo monstruoso. O perdão consiste simplesmente em compreender que cada um de nós é inerentemente bom e inerentemente imperfeito. Dentro de cada situação sem esperança e de cada ser aparentemente sem esperança, há a possibilidade da transformação.

Por isso, quando me perguntam se algumas pessoas estão aquém do perdão, minha resposta é não. Meu coração se partiu mil vezes pela crueldade e o sofrimento que vi seres humanos infligirem injusta e impiedosamente uns aos outros. Mesmo assim, ainda sei e acredito que o perdão é sempre necessário, e a reconciliação, sempre possível.

Minhas palavras não são uma borracha mágica, capaz de apagar o mal e o sofrimento profundos que podemos sentir. O verdadeiro perdão não é superficial, não é da boca para fora. É um olhar profundo e escrupuloso para a realidade de uma situação. É um relato honesto tanto dos atos quanto das consequências. É uma conversa que só acontece quando acontece. É um caminho tão único quanto aqueles que decidem trilhá-lo. O meu pode não ser igual ao seu. Mas o motivo que nos leva a trilhá-lo é o mesmo. Todos queremos nos libertar da dor de viver com um coração partido e incapaz de perdoar. Queremos nos libertar das emoções corrosivas que ameaçam consumir o amor e a alegria que residem em nós. Queremos que nossas feridas cicatrizem. Seria maravilhoso se vivêssemos num mundo em que não houvesse males, mágoas, violência e crueldade. Eu certamente não passei a vida num mundo desses, mas acredito que seja possível. "Ele deve estar senil", dirá você. Mas essas não são as crenças fantásticas de um homem idoso. Sei, no meu coração, que a paz é possível. Sei que é possível na sua vida, e sei que é possível na minha. Sei que é possível para nossos filhos, nossos netos e as gerações seguintes. Mas também sei que só é possível se essa paz começar com cada um de nós. A paz é construída com cada pequeno ou grande ato de perdão.

Não podemos trilhar o Quádruplo Caminho envergonhados ou em silêncio. Afinal, o primeiro passo é contar a história. O processo não é tranquilo, e nem sempre é agradável. Requer uma vulnerabilidade que, na melhor das hipóteses, será desconfortável. Exigirá muito de você, às vezes mais do que pensa que pode dar. No entanto, as dádivas e a liberdade que receberá em troca são inestimáveis.

Convidamos você a expor suas mágoas e confiar que nada lhe será pedido que você não tenha condições de dar. O perdão sempre vale a pena no fim. Para chegar a esse fim, devemos criar um começo, dar um primeiro passo. Contar a sua verdade será esse passo. Começamos Contando a História.

Mas antes, paremos para ouvir o que o coração ouve.

Você já esteve nessa encruzilhada
E nela estará outras vezes.
Se parar por um momento, poderá se perguntar:
Para que lado ir?
Poderá dar as costas a sua tristeza
E participar da corrida chamada vingança,
Percorrer aquela cansada trilha uma vez atrás da outra,

Ou admitir a sua dor
E trilhar o caminho que chega a um fim:
É nessa direção que fica a liberdade, meu amigo.
Posso lhe mostrar onde moram a esperança e a completude,
Mas você não poderá descartar seu sofrimento a caminho de lá,
Para encontrar o caminho que leva à paz:
Antes, terá que se encontrar com a dor
E dar vazão a ela.

Resumo
Compreender o Quádruplo Caminho

- Nada é imperdoável.
- Não há ninguém que esteja aquém da redenção, e classificar alguém como monstro é negar a responsabilidade da pessoa por seus atos.
- Sempre podemos escolher entre trilhar o Ciclo da Vingança ou o Ciclo do Perdão.
- No Ciclo da Vingança, rejeitamos a dor e o sofrimento e acreditamos que ferindo a pessoa que nos feriu a dor passará.
- No Ciclo do Perdão, enfrentamos a dor e o sofrimento e avançamos rumo à aceitação e à liberdade trilhando o Quádruplo Caminho.
- Estes são os passos do Quádruplo Caminho: Contar a História, Dar Vazão à Mágoa, Conceder o Perdão e Renovar ou Abrir Mão do Relacionamento.

Meditação

Trilhar o Caminho

Esta imagem é um labirinto de dedo, baseado no labirinto que há no chão da Catedral de Chartres, na França. Um labirinto de dedo é "percorrido" traçando-se o caminho com um dedo da mão não dominante. A vantagem de um labirinto de dedo é a acessibilidade. Ele pode ser carregado e usado praticamente em qualquer lugar, a qualquer hora.

70 | O LIVRO DO PERDÃO

1. Para esta meditação, você deve consolidar a disposição de permanecer aberto à jornada do perdão antes de entrar no labirinto.
2. Ao percorrer o labirinto, observe os lugares onde você se perde, onde se detém, onde encontra resistências. Consegue identificar o que foi evocado em você?
3. No centro do labirinto, pare e peça uma bênção.
4. Percorra o labirinto de volta até a saída.
5. Ao sair do labirinto, pare e agradeça por esse momento de reflexão.

Você pode voltar ao labirinto sempre que precisar organizar seus pensamentos ao longo do Quádruplo Caminho.

Ritual com a Pedra

Marcar o Caminho

1. Pegue sua pedra e passe um lápis ou caneta em volta dela quatro vezes no diário, criando quatro contornos.
2. No interior de cada contorno, escreva o nome de cada passo do Quádruplo Caminho:
   a. Contar a História
   b. Dar Vazão à Mágoa
   c. Conceder o Perdão
   d. Renovar ou Abrir Mão do Relacionamento
3. Anote em volta de cada contorno as resistências que percebeu ao considerar a possibilidade de trilhar o Quádruplo Caminho.
4. Anote qualquer coisa que o esteja impedindo.

Exercício para o Diário

1. Qual seria o melhor resultado que você poderia imaginar, se fosse perdoar?
2. De que modo sua vida seria diferente?
3. De que modo seus relacionamentos seriam diferentes – tanto os relacionamentos com os que lhe fizeram mal, quanto os relacionamentos com os outros em geral?

Parte Dois

O QUÁDRUPLO CAMINHO

Capítulo 4

Contar a História

ESTAVA QUENTE.

Durante o dia, o Karoo — aquela vasta expansão semidesértica no coração da África do Sul — é um forno. Quando abrimos as janelas do carro, o ar entrou como o jato de um secador de cabelo ligado no máximo. Abrir as janelas foi um ato de esperança e desespero ao mesmo tempo. Estávamos encharcados de suor. E exaustos. As crianças tinham começado uma daquelas brigas no banco traseiro que o cansaço e o calor parecem provocar. Estávamos dirigindo havia horas, tendo saído de nossa casa em Alice, em Eastern Cape, antes do amanhecer. A família inteira — quatro crianças pequenas, Leah e eu — tinha se espremido numa caminhonete, a caminho da Suazilândia.

Na década de 1960, a África do Sul estava sob o jugo feroz do apartheid. Essa era a razão da nossa viagem. Quando o sistema de educação banto, de currículo inferior para crianças negras, foi

76 | O LIVRO DO PERDÃO

instituído pelo governo, Leah e eu abandonamos o magistério em protesto. Juramos que faríamos tudo que estivesse ao nosso alcance para garantir que nossos filhos jamais fossem submetidos à lavagem cerebral que se passava por educação na África do Sul. Em vez disso, nós os matriculamos em escolas na Suazilândia, que faz fronteira com nosso país. Naomi foi para um internato com a tenra idade de seis anos. Por causa de nossa estada de três anos na Inglaterra, enquanto eu estudava teologia, Trevor e Thandi já eram mais velhos quando foram para o internato. Seis vezes por ano fazíamos a viagem de quase cinco mil quilômetros de Alice, em Eastern Cape, até a casa de meus pais, em Krugersdorp. Depois de passar a noite com eles, dirigíamos por cinco horas até a Suazilândia, deixávamos ou buscávamos as crianças nas suas respectivas escolas, e então voltávamos para Krugersdorp, a fim de descansar antes da longa viagem de volta. Não havia hotéis ou pousadas que aceitassem hóspedes negros por qualquer preço.

Naquele dia de calor causticante, estávamos indo deixar as crianças em seus internatos. Não era como a viagem que fizéramos para buscá-las, com a família inteira conversando alegremente no carro. Nessas viagens para casa, as crianças estavam sempre animadas, cheias de novidades, excitadas ante a perspectiva do feriado. Essa era a viagem para deixá-las e vir embora, e o clima de despedida pesava no estado de espírito da família. O calor aumentava ainda mais o nosso desespero. Mais adiante, vi um letreiro anunciando "Sorvete Walls". Isso nos animou. Eu já quase podia sentir o gosto do delicioso, gelado e doce alívio ao estacionar diante da loja.

Saímos do carro. Abri a porta da lojinha, que fazia as vezes de mercado local.

O rapaz atrás do caixa levantou a cabeça. Apontou o polegar para trás:

— Cafres devem ir para a janela.

Olhei para a janela, de onde mal se podiam avistar os produtos da loja. Os pés de um negro não podiam pisar no terreno sagrado dessa simpática lojinha. Os únicos negros que podiam entrar ali eram mulheres, para esfregar o chão de joelhos ou varrê-lo.

Senti uma raiva indescritível. A tristeza pela separação iminente de nossos filhos, o cansaço e a frustração da longa viagem feita naquele calor, a irritação com as crianças que discutiam no banco traseiro, e agora mais essa! Saí da loja, batendo a porta.

— Voltem para o carro! — ordenei a todos. Eles obedeceram, afobados, a expressão confusa, voltando para o forno da caminhonete. Eu estava furioso e, como acontece com tantos pais frustrados, o sangue me subiu à cabeça. Por baixo de minha explosão, no entanto, havia uma ferida em carne viva.

O incidente fora extremamente insignificante. Nada acontecera de trágico. Ninguém havia se ferido. Ninguém havia morrido. Mas ainda hoje, no momento em que conto a história, relembro quão profunda e verdadeira foi a mágoa que senti. Uma gota a mais no oceano das outras mágoas tão corriqueiras em nosso cotidiano ditado pelo apartheid. Já estávamos tão acostumados a incidentes desse tipo que, na ocasião, eu nem sabia que devia perdoar o rapaz atrás do caixa.

As histórias nem sempre são contadas do começo ao fim. Às vezes, nem mesmo sabemos que são histórias. Simplesmente começamos a juntar as peças, a decifrar nossas experiências. No carro, eu queria que as crianças compreendessem o que acabara de acontecer conosco, mas primeiro tive que enfrentar meu próprio sentimento de impotência. As famílias precisam encontrar histórias compartilhadas de suas experiências, ou cada membro da família ficará entregue à sua dor particular e se sentirá sozinho e isolado. Isso acontece sempre que ocorre uma crise ou episódio de crueldade, e a necessidade de encontrar um sentido no que aconteceu.

78 | O LIVRO DO PERDÃO

Eu não queria que meus filhos repetissem para si mesmos o chavão de suposta inferioridade e desigualdade justificada que era o discurso dominante daqueles tempos. Em vez disso, eu lhes falei sobre a dignidade, e como só é possível perdê-la se a entregarmos de bandeja. Esse "momento de lição de vida" também foi o modo como aceitei o que acabara de acontecer com a minha família. À noite, quando Leah e eu já havíamos deixado as crianças na escola e estávamos a sós, discutimos o assunto. Como ela estivera presente, sabia o que acontecera, mas nosso diálogo nos permitiu contar a história mais uma vez e, desse modo, começamos a aceitar os fatos ocorridos.

Todos experimentamos a dor. É parte inescapável de ser humano. As mágoas, os insultos, as perdas e os danos são aspectos inevitáveis de nossas vidas. A psicologia os chama de "traumas", e muitas vezes deixam cicatrizes profundas em nossa alma. No entanto, não é o trauma em si que nos define. É o sentido que extraímos de nossas experiências que define tanto quem somos quanto viremos a ser. Ao ir embora da loja, embora morto de raiva, eu me recusei a aceitar a avaliação de que eu era um cidadão de segunda classe, indigno de respeito.

Todos os dias, enfrentamos a possibilidade de sermos feridos pelos outros; é uma parte inalienável da vida, do amor e do fato de pertencermos à família humana. Seja o dano intencional ou não, a mágoa é real. Podemos nos tornar alvo de mentiras, traições, intrigas ou mesmo ataques físicos. Alguém que amamos pode nos rejeitar. Alguém em quem confiamos pode nos enganar. Alguém que consideramos como um amigo ou como um estranho pode nos insultar. Ou podemos nos encontrar no lugar errado, na hora errada, e sermos vítimas de um ato de violência aleatório ou de um acidente trágico. Nossos entes amados podem ser feridos ou até mortos. A qualquer momento, podemos sofrer graves danos. Não é justo. Não é merecido. Mas, ainda assim, acontece.

É o que fazemos em seguida que realmente importa. Cada vez que somos feridos, voltamos à mesma encruzilhada, e escolhemos trilhar o caminho do perdão ou o caminho da retaliação. Mesmo que estejamos furiosos por um bom motivo, mesmo que estejamos cegos de dor, sempre fazemos uma escolha. Podemos revidar, exigindo olho por olho, na falsa crença de que, de algum modo, isso desfará o dano inicial ou proporcionará um bálsamo para nossas feridas. Ou podemos avançar rumo à aceitação. Podemos reconhecer que devemos abrir mão de toda crença de que é possível mudar o passado. A jornada rumo à aceitação começa com a dor e termina com a esperança.

Se você está lendo este livro, é porque já fez a escolha e deu início à jornada. Do que você precisa para perdoar? O que aconteceu que lhe causou dor? De que modo você foi magoado? O que quer que seja, o que quer que tenha se rompido ou perdido, só poderá ser reparado e reencontrado se você contar a história do que aconteceu.

Por que Contar a História?

Contar a história é o modo como resgatamos nossa dignidade após sofrermos algum dano. É o modo como começamos a recuperar o que nos foi tomado, e a compreender e extrair sentido de nossa ferida.

Os neurocientistas afirmam que temos dois tipos de memória, a explícita e a implícita. Quando nos lembramos de um fato e sabemos que aconteceu, formamos uma lembrança *explícita –*

80 | O LIVRO DO PERDÃO

sabemos explicitamente que estamos nos lembrando de algo. É o que a maioria de nós acredita que a memória seja. Mas há outro tipo. Quando vivemos um fato sem estarmos plenamente conscientes dele, formamos lembranças *implícitas*. Em outras palavras, não nos damos conta de estarmos nos lembrando de algo. Quando Nyaniso, a filha de Mpho, tinha quatro anos, ela foi atacada por dois Dobermans; os cães eram grandes demais para que o dono os controlasse. Por causa disso, durante anos, bastava um cachorro se aproximar para ela se encolher. Não tinha a lembrança explícita do pavor que sentira, apenas uma lembrança implícita que causava aquela reação. Somente anos depois, ao compartilhar histórias familiares, Nyaniso foi capaz de transformar sua lembrança implícita em uma lembrança explícita. Ela pôde integrar as lembranças através do ato de contar a história. Foi uma parte importante no seu processo de cura do trauma. E isso é válido para todos nós. Contar nossas histórias nos ajuda a integrar as lembranças implícitas e a começar a curar os traumas.

Conhecer nossos casos e histórias é fundamental em qualquer idade. Marshall Duke, psicólogo da Emory University, começou a estudar a resiliência em crianças na década de 1990. Ele e um colega elaboraram um questionário de vinte perguntas chamado "Você sabe?", que apresentaram a crianças, para descobrir as histórias que elas conheciam sobre suas famílias. E o que constataram foi que, quanto mais casos as crianças conheciam da história de suas famílias – o lado sombrio –, mais resilientes eram. Conhecer os casos de suas famílias demonstrou ser "o melhor indicador da predisposição dessas crianças a uma boa saúde física e emocional". Também foi constatado, ao se avaliarem as crianças após 11 de setembro de 2001 – a data do atentado terrorista em Nova York –, que aquelas que obtiveram uma pontuação mais alta no teste, que melhor conheciam a história de suas famílias – tanto os sucessos quanto os fracassos –, eram as mais resilientes em situações de trauma ou estresse.[8] Essas crianças haviam se conectado a uma história maior sobre suas vidas, a um contexto mais geral de quem elas eram.

Assim como essa escala previu o bem-estar físico e emocional das crianças que participaram do estudo, conhecer e contar as histórias de nossos traumas prevê o bem-estar físico e emocional de que gozaremos ao nos recuperarmos desses traumas. Quando conhecemos nossas histórias e encontramos um sentido no que aconteceu, nós nos conectamos à história maior de nossas vidas e ao seu significado. Nós nos tornamos mais resilientes, mais capazes de lidar com o estresse, e nos curamos. O neuropsiquiatra Dan Siegel explica que o melhor indicador do futuro entrosamento de uma criança com os pais – sua capacidade de ter um relacionamento positivo e amoroso com eles – é o fato de os pais terem uma visão clara e coerente de suas vidas e dos traumas que sofreram. Em outras palavras, se você consegue falar sobre sua vida, sobre as alegrias e mágoas que vivenciou – em suma, se conhece a sua história –, você tem uma probabilidade muito maior de ser um pai ou mãe competente. Não será atormentado por manifestações negativas de traumas não curados, como acontece tantas vezes com as experiências que não assimilamos. Se não podemos buscar o perdão e a cura para nosso próprio benefício, talvez possamos buscá-los pelo bem de nossos filhos.

Mas como fazer isso? Como contar a história?

Conte a Verdade

A CVR foi, principalmente, uma comissão em prol da verdade. Não poderia haver reconciliação entre o passado e o futuro da

82 | O LIVRO DO PERDÃO

África do Sul sem a verdade. E o mesmo vale para você e para mim. A verdade nos impede de fingir que o que aconteceu não aconteceu. O primeiro passo é permitir que a verdade seja ouvida em toda a sua crueza, em toda a sua feiura, em toda a sua imundície. Foi o que fizemos na África do Sul, foi o que fiz depois daquele dia distante no Karoo, e é o que você deve fazer em relação ao que lhe aconteceu.

Comece pelos Fatos

Contar os fatos de sua história é o elemento mais importante desse primeiro passo, pois é o modo como você começa a recuperar o que lhe foi tomado. Quando você conta a sua história, é como se estivesse remontando as peças do quebra-cabeça, uma lembrança hesitante de cada vez. No começo, suas lembranças dos fatos, dependendo da natureza do trauma e de quando aconteceu, podem estar fragmentadas e ser difíceis de articular. Podem não seguir uma ordem cronológica ou obedecer a uma narrativa linear. Tudo isso é compreensível. É o que ocorre com Mpho quando ela relembra o dia do assassinato de Angela:

Semana passada foi o aniversário da morte de Angela. As meninas e eu passamos o dia nos sentindo estranhas, mas sem atinar com o que estava acontecendo. No fim do dia, percebemos o que estava nos incomodando, que era o aniversário da morte dela, e voltamos a sentir uma profunda tristeza. A morte de Angela foi particularmente difícil para Nyaniso. Foi no quarto dela que Angela foi encontrada, mas o que ela me contou na semana passada foi que elas discutiram aquela manhã. Uma briguinha boba, por ela não ter um uniforme limpo para vestir, mas as duas se despediram num clima de desavença. E eu não soube disso durante um ano inteiro. Só agora estava tomando conhecimento. Mesmo um ano depois, ainda estamos preenchendo as lacunas da história. Pode haver peças que jamais conheceremos, como o que aconteceu exatamente naquele dia. Tudo que sei é que nossa perda foi enorme.

Era uma manhã comum, e eu estava de um lado para o outro, arrumando as coisas para levar as crianças à escola. Angela sempre parecia estar um passo à minha frente. Ela sabia lidar com o mau humor matinal de Onalenna e, com seu jeitinho doce, fazia com que ela começasse melhor o dia, uma habilidade que não tenho. Por algum motivo, eu me lembro de ter me maquiado na cozinha aquele dia, e de ter saído apressadíssima. Geralmente Angela corria atrás de mim, querendo saber o que fazer para o jantar, mas acho que não chegou a fazer isso aquele dia. Durante seus primeiros meses trabalhando para nós, eu lhe ensinara passo a passo como preparar as refeições, mas agora ela já tinha tudo anotado e bastava eu lhe dar o menu, que ela já sabia o que fazer.

Naquele dia, por algum motivo, eu tinha voltado para casa depois de deixar as meninas na escola. Angela estava na cozinha preparando alguns pratos quando cheguei. Ela não disse nada, nem deu qualquer indício de que havia algo errado, mas lembro que estava com uma expressão estranha. Perguntei se estava tudo bem, e ela disse que sim.

Onalenna tinha aula de natação e eu precisava estar na cidade à tarde, por isso pedi a meu cunhado, Mthunzi, que fosse buscá-la na escola e levá-la para casa, onde poderia ficar com Angela até a hora da aula. Quando meu cunhado chegou à nossa casa, ele me ligou para dizer que ninguém atendia a campainha. Temos um portão de segurança que é operado de dentro da casa. Lembro que fiquei meio aborrecida, meio irritada com isso. Angela sabia que as meninas seriam deixadas em casa a qualquer momento depois das duas, e ela sempre estava lá e me ligava quando tinha que sair por mais de cinco minutos.

Era estranho, não parecia normal. Tentei ligar para casa. Tentei ligar para o seu celular. Era muito incomum. Disse a Mthunzi para trazer Onalenna para o meu escritório. Liguei para casa uma vez atrás da outra, mas tocava, tocava e não atendia. Achei isso muito estranho, e muito atípico da parte dela se manter tão inacessível. Pedi a minha mãe que levasse Onalenna de carro para a aula de natação, e quando estava indo deixar Onalenna com ela, decidi dar um pulo em casa para ver o que havia acontecido. As coisas estavam diferentes. A porta da garagem não abria. O portão dos fundos estava aberto de um jeito que nunca ficava. Dei marcha a ré e fui para a casa de minha mãe, para deixar minha filha. Sabia que, o que quer que encontrasse em casa, não queria que fosse com Onalenna ao meu lado.

Liguei para Mthunzi e disse: "Tem alguma coisa errada lá em casa." E lhe pedi que se encontrasse comigo lá. Chegamos na mesma hora e entramos pela porta da frente. Assim que entrei, soube imediatamente que havia algo errado. Fui para o quarto de Angela e encontrei sua cama intacta, o que era muito incomum àquela hora do dia. Em seguida nos dirigimos para os quartos. Quando passei pelo meu, vi que a cesta de maquiagem deixada na cozinha estava em cima da cama. Pode parecer só um detalhe, mas foi nesse momento que tive certeza absoluta de que alguma coisa estava horrivelmente errada. Angela era muito caprichosa e nunca poria nada em cima de uma cama que deixara feita, muito menos minha cesta de maquiagem, cheia de pós que poderiam sujar a colcha. Seguimos para o corredor, e notei que estava escuro, ao contrário de sempre, e que a porta do quarto de Nyaniso estava fechada. Quando Angela terminava de arrumar a casa, o que àquela hora do dia geralmente já tinha feito, ela sempre deixava as portas dos quartos abertas. Eu disse a Mthunzi que isso não era normal. Ele abriu a porta do quarto de Nyaniso, e foi então que a vi.

Ela estava caída no chão.

Em meio a um mar de sangue.

*Pedi a ele para verificar se tinha pulso. Ele disse que achava
que não.*

*Naquele momento, os seguranças da rua chegaram e disse-
ram que precisávamos sair. Nossa casa agora era a cena de um
crime. Eu ainda não sabia disso, mas nunca mais iríamos poder
chamá-la de lar novamente.*

As lembranças que Mpho tem do evento são claras e
explícitas. Os pequenos detalhes, aparentemente irrelevantes,
voltam à sua memória, e ela relembra a cesta de maquiagem,
a expressão no rosto de Angela ao voltar para casa, a certeza
absoluta de que havia algo errado e o instinto de proteger
Onalenna do que quer que houvesse acontecido. Há muito
mais na sua história do que fatos, mas primeiro ela precisa
falar sobre eles. Até os menores detalhes podem ser importantes. São fios através dos quais podemos compreender o que
aconteceu. Apenas conte a história como se lembra dela.

O Preço de Não Contar

Mesmo que racionalmente eu saiba que é contando a história que
vou começar a me curar do trauma, nem sempre é fácil, do ponto
de vista emocional, dar o primeiro passo. Pode ser um esforço ar-
riscado. Há o risco de a pessoa se magoar novamente, de não ser
acreditada, de não encontrar receptividade por parte de quem a
ouve. Mas quando trancamos nossas histórias dentro de nós, o
dano inicial é agravado. Se reprimo meus segredos e histórias por
vergonha ou medo, continuo preso ao trauma e ao papel de vítima.
Se Mpho jamais houvesse contado a história do que aconteceu
aquele dia, teria continuado à mercê daquela experiência trágica.

86 | O LIVRO DO PERDÃO

Nem sempre é fácil contar a sua história, mas é o primeiro passo crítico no caminho rumo à liberdade e ao perdão. Tivemos provas palpáveis disso na CVR, quando as vítimas do apartheid puderam tomar a iniciativa de contar suas histórias. Elas se sentiram aliviadas por encontrar um lugar seguro e acolhedor onde compartilhar suas experiências. Também ficaram livres do sofrimento causado pela crença de que ninguém jamais saberia o que haviam sofrido ou acreditaria nas histórias que tinham para contar. Quando você conta a sua história, não carrega mais o seu fardo sozinho.

Um jovem, que chamaremos de Jeffrey, acaba de completar trinta anos, mas carrega uma história em silêncio desde os doze. É um homem forte, de físico imponente, com uma voz grave. Ainda assim, quando fala do que aconteceu quase duas décadas antes, ele parece um menino novamente – triste, perdido e sozinho. Um professor de Educação Física – um homem a quem a mãe solteira de Jeffrey confiara os papéis de mentor e modelo para o filho adolescente – abusou sexualmente de Jeffrey num evento esportivo após a aula. Jeffrey jamais contou isso à mãe ou a qualquer outra pessoa, temendo envergonhar a própria família, temendo magoá-la, temendo ter feito algo de errado que levara o professor a fazer o que fizera. Sem conseguir falar a respeito, Jeffrey se tornou um adolescente revoltado e ensimesmado que não confiava em ninguém, principalmente adultos. Deixou de praticar atividades depois das aulas e passou a evitar o professor o máximo possível. Quando por acaso se esbarravam, o indivíduo agia como se nada tivesse acontecido, o que levava Jeffrey a questionar a própria sanidade. Jeffrey descreve sua vida em termos de "antes" e "depois". Antes do que aconteceu, ele era um menino feliz, confiante, entusiasmado com o futuro e com quem poderia se tornar. Depois do incidente, o mundo se tornou um lugar sombrio e inseguro. Foi só quando Jeffrey se apaixonou por uma mulher, que ele finalmente

Contar a História | 87

tomou coragem para contar a história do que lhe acontecera. A mulher, com quem mais tarde se casaria, encorajou-o a perdoar o professor. Disse a Jeffrey que, por não perdoá-lo, ele permitira que o homem continuasse abusando dele por quase duas décadas.

Jeffrey demorou muitos anos até encontrar alguém com quem se sentisse seguro o bastante para contar a história: "Perdi muito de minha vida carregando o sentimento de culpa e a vergonha, me sentindo como se tivesse feito algo de errado. Quando contei a Eliza [nome fictício] o que havia acontecido, fiquei morto de medo de que ela mudasse de opinião a meu respeito, que me rejeitasse e deixasse de me amar. Era o pensamento de um menino de doze anos, não de um homem de trinta." Um trauma como o de Jeffrey pode fazer com que fiquemos presos nas épocas dolorosas de nossas vidas, limitando-nos de incontáveis maneiras. O caminho do perdão reconduz ao ponto onde fomos aprisionados, para que possamos resgatar aquela parte de nós mesmos com que perdemos contato. Contando a história para sua esposa, Jeffrey pôde, com o apoio dela, libertar aquele menino de doze anos que nada fizera de errado.

Quando Jeffrey conseguiu contar a sua história, disse que foi como se um peso saísse de cima de seu peito. Sentia-se como se pudesse respirar fundo pela primeira vez em anos. Jeffrey continuou a contar a história, o que fez primeiro para a mãe e, mais adiante, para outros homens que também haviam suportado a vergonha em silêncio após sofrerem abusos sexuais. "Não é que tudo tenha ficado bem só porque contei o segredo e depois disso vivi feliz para sempre", explica ele. "Mas foi como se tivesse passado anos trancado numa masmorra, apenas para descobrir que tinha a chave para sair o tempo todo. Fui muito duro comigo mesmo em relação a isso, lamentando os anos que tinha perdido. Quando entrei para um grupo de sobreviventes, ouvi suas histórias e contei

88 | O LIVRO DO PERDÃO

a minha, as coisas ficaram mais fáceis. Pude ajudar outros homens que tiveram experiências semelhantes, e quanto mais compaixão sentia pelo que haviam passado, mais compaixão era capaz de sentir pelo menino de doze anos que havia dentro de mim. É difícil de explicar, mas por fim cheguei a um ponto em que aceitei o que havia acontecido porque despertou essa empatia em mim e me deu a capacidade de ajudar pessoas que talvez, em outras circunstâncias, eu nunca tivesse podido ajudar.

Como veremos e discutiremos em capítulos mais adiante, essa aceitação e reconhecimento das dádivas ocultas que o sofrimento pode trazer é uma parte importante do processo de superar e perdoar.

Decidir a Quem Contar

Uma das decisões mais importantes que você tomará é escolher a quem contar sua história. Idealmente, como pudemos fazer na CVR, você poderá contá-la à pessoa que lhe causou o dano. Há uma profunda retomada de dignidade e força quando você consegue ficar na frente do seu agressor, amparado pela sua verdade, e falar sobre o modo como essa pessoa o prejudicou. Acredito que seja a maneira mais rápida de encontrar a paz e a disposição de perdoar. No entanto, nem sempre isso é possível, ou mesmo prático. Para que dê certo, é necessário que o agressor se mostre receptivo, e você deve ter certeza de que ele não lhe causará mais danos. Idealmente, a pessoa já terá demonstrado remorso, e agora pede o seu perdão e se mostra disposta a testemunhar a dor que causou ouvindo sua história. Na CVR, não permitimos qualquer interrogatório ou questionamento da história sendo contada. Cada indivíduo podia compartilhar sua dor, perda, revolta ou trauma num ambiente seguro e extremamente receptivo. Muitas vítimas tinham perguntas sobre como seus amados haviam morrido, e precisavam que essas perguntas fossem respondidas para poder ir em frente e curar o trauma. Foi o que aconteceu com a família de Angela, e é o que acontece com muitos que perdem entes amados em atos de violência. Eles precisavam conhecer os fatos antes de poder aceitar o que havia acontecido. Alguns precisavam saber exatamente como os entes amados haviam sido mortos, se haviam sofrido, e por que os perpetradores haviam feito aquilo. Só quando as perguntas sobre o passado haviam sido respondidas é que eles conseguiam avançar para o futuro. Mpho me contou que jamais se esquecerá dos gritos de desespero da mãe e da irmã de Angela quando teve de lhes contar que Angela estava morta. Elas tinham muitas perguntas, e Mpho pôde responder a algumas, a outras não.

No modelo ideal de perdão, há uma troca de histórias, e se isso for feito com total honestidade e nenhuma justificativa ou racionalização por parte do perpetrador, ambas as partes podem atingir um alto nível de entendimento e superação. Mesmo que você possa falar diretamente com aquele a quem deseja perdoar, talvez seja melhor contar sua história a outra pessoa primeiro, seja um parente próximo ou um amigo. Você também pode procurar o seu mentor religioso, seu terapeuta ou falar diretamente com Deus. Se a pessoa a quem você contar a história for receptiva, empática e confiável, você avançará no processo do perdão e se beneficiará com esse passo dado no Quádruplo Caminho.

Quer você conte a história para a pessoa que o prejudicou, quer para um substituto, o elemento importante desse primeiro passo é simplesmente contá-la, reconhecer o mal que aconteceu. Se não houver ninguém em quem você confie, sempre pode escrever sua história em uma carta para a pessoa que lhe fez mal, mesmo que não possa mandar essa carta. Quando contamos a verdade sobre o

> **Como Escutar**
>
> - Não questione os fatos.
> - Não crive o outro de perguntas.
> - Crie um espaço seguro.
> - Reconheça o que aconteceu.
> - Empatize com a dor.

mal e a perda que sofremos, diminuímos o poder que eles têm sobre nós. É importante deixar claro que contar a história não é um ato isolado, tampouco um evento finito. É todo um processo dentro do processo de perdoar e superar. A história que Mpho contou nos dias que se seguiram ao assassinato de Angela não foi exatamente a mesma que contou um ano depois. Nossas histórias evoluem à medida que evoluem a nossa compreensão, a nossa aceitação, a nossa capacidade de encontrar um sentido. Quão melhor você compreender a sua história, e o quanto progrediu através dos passos do Quádruplo Caminho, mais provável é que se encontre com o perpetrador de um modo que contribuirá para sua superação e a renovação, ou abandono, do relacionamento.

Contar a História Diretamente ao Perpetrador

Se decidir falar com a pessoa que lhe fez mal, tenha consciência de que essa é uma questão delicada. Se não for tratada com cuidado, poderá piorar ainda mais as coisas. A compreensão que temos do perdão é muito pequena e a sociedade moderna conta com poucos rituais de perdão. É comum que as pessoas se sintam atacadas ou fiquem na defensiva quando confrontadas. O poder da mente humana de justificar seus atos é infinito. Nenhum vilão jamais achou que era um vilão. Hitler, Stalin, cada terrorista e serial killer – todo mundo tem uma justificava para seus atos. O assaltante que golpeia uma idosa na cabeça e leva sua bolsa não conseguiria mexer o braço se não pensasse, pelo menos naquele momento, que está fazendo o que é certo. A maneira de compreender qualquer inimigo é perceber que, da sua perspectiva, ele não é um vilão e sim um herói.

Não há qualquer garantia de que a pessoa que lhe fez mal irá reconhecer que errou, mas há maneiras de aumentar as probabilidades de que o relato da história leve a uma solução e não a uma piora do conflito. Se for possível, você pode começar reforçando seu relacionamento com a pessoa e endossando a importância que tem para você. O que ela significa para você? De que forma o ajudou, e não apenas prejudicou? Nossos relacionamentos raramente são unidimensionais, principalmente os mais íntimos. Meu pai, que podia ser grosseiro e violento, também era capaz de se mostrar divertido, simpático e bondoso. Se você puder mostrar à pessoa que é capaz de enxergar suas características positivas, ela não terá que se esforçar tanto para defendê-las.

Se puder, empatize com o motivo do perpetrador para fazer o que fez. A empatia possui grande poder de contágio social. Se você tem empatia pela pessoa que o vitimou, é muito mais provável que ela também tenha empatia por você. Não há quaisquer garantias de que isso acontecerá, mas pode ajudar. Muitas

Nota

Se estiver pronto para falar diretamente com aquele que o prejudicou mas não for possível, prático ou seguro contar a sua história em pessoa, ainda pode fazê-lo por carta.
Escreva uma carta contando-lhe a sua história, mesmo que não tenha a intenção de enviá-la, ou a possibilidade de fazer isso.
A superação será atingida do mesmo jeito.

92 | O LIVRO DO PERDÃO

vezes imaginamos que as pessoas são independentes e agem por livre e espontânea vontade, mas o fato é que somos interdependentes. Estamos imbricados em tramas sociais que afetam nossas escolhas e comportamentos. Na África do Sul, vimos como o ambiente político contribuiu não apenas para a violência política, mas também para a violência social, e até mesmo doméstica. Como mãe, Mpho tem plena consciência do poder da pressão do grupo sobre a filha adolescente. Houve ocasiões em que suas melhores escolhas foram pautadas nas atitudes e opiniões dos amigos. Em outras ocasiões, a influência foi menos benigna, mas igualmente preponderante. Ninguém é uma ilha, e se observarmos os modos como estamos conectados, poderemos compreender os atos uns dos outros com muito mais compaixão.

Contar a História em Público

– No começo, não sentíamos a menor vontade de falar – conta Lynn Wagner. – Era como se andássemos no escuro, aos tropeções, imaginando quem teria apagado a luz e no que iríamos esbarrar em seguida. Às vezes tínhamos vontade de gritar, mas não havia ninguém com quem pudéssemos fazer isso. Num momento elas estavam conosco, no momento seguinte não estavam mais. Nem pudemos nos despedir delas.

Lynn Wagner e seu marido, Dan, perderam as duas filhas adolescentes quando o carro em que a família viajava foi atingido por uma motorista bêbada. Eles agora contam sua história em igrejas, universidades e na penitenciária local, para grupos de detentos. No entanto, antes de se sentirem capazes de contar sua história em público, eles a contaram para a família e amigos, como relata Dan Wagner:

Lynn, eu e nossas duas filhas adolescentes, Mandie e Carrie, fomos a um festival evangélico no sábado, junto com umas vinte mil pessoas. Lynn fora para lá mais cedo a fim de ajudar a preparar a reunião, e as meninas e eu nos encontramos com ela à tarde.

Saímos do festival à noite e fomos para o nosso carro, que estava estacionado em uma zona sossegada, perto da praia. Era o local onde sempre estacionávamos quando íamos lá. Pegamos a Cayuga Street em direção à Broadway, indo para a área de Oak Live, onde moramos. Uma mulher, que estava bêbada e com alto teor de cocaína e metanfetamina no sangue, tinha acabado de pegar os dois filhos na casa de uma babá e dirigia seu Suburban na Windsor Street, em direção a Cayuga, a quase cem quilômetros por hora. Ela não obedeceu ao sinal de PARE e bateu do lado esquerdo da nossa minivan. O impacto nos arremessou contra um poste, e depois para o jardim de uma casa.

Nem Lynn nem eu temos quaisquer lembranças do acidente, e muito poucas daquele dia. Acordamos no Dominican Hospital, Lynn na manhã de domingo e eu na de segunda-feira. Lynn estava com três costelas fraturadas e duas fraturas na bacia que a impediram de colocar qualquer peso sobre aquela perna durante um mês e meio. Eu não sofri nenhuma fratura, mas tive uma cartilagem dilacerada no peito, o cóccix torcido, uma lesão no pescoço e fragmentos de vidro blindado no rosto e no cotovelo que tiveram de ser removidos depois. Tanto ela como eu tivemos concussão cerebral.

Meu pastor disse que me contou o que acontecera assim que dei mostras de estar lúcido. Eu não me lembro. O momento em que me lembro de ter compreendido foi quando alguém que estava me visitando no quarto do hospital disse que lamentava minha perda. "Que perda?", perguntei. A pessoa então contou que eu tinha perdido minhas filhas. Eu me lembro de contar o fato a outras visitas como

94 | O LIVRO DO PERDÃO

se fosse o resultado de um jogo de beisebol; é incrível o que
o choque pode fazer com as suas emoções. Meus pais no Oregon foram chamados na noite do
acidente e vieram imediatamente. Eles tinham uma chave
de nossa casa e entraram, e então foram para o hospital.
Lembro como foi confortante vê-los quando meu leito
foi empurrado para o quarto de Lynn. Meu pai contou
que a primeira coisa que fez ao me ver foi apalpar minhas
pernas para ver se ainda estavam lá.

Recebi alta na terça-feira, mas Lynn foi mandada para a
Unidade de Recuperação, localizada no antigo prédio do
Santa Cruz Community Hospital. Foi o hospital onde
Mandie e Carrie nasceram.

Depois de contar a história para as pessoas mais chegadas, Dan
e Lynn decidiram que, para poderem superar o que acontecera,
precisavam contar a Lisa, a mulher que batera no seu carro. Também decidiram que, para levar a vida adiante, com um mínimo
de alegria e paz no futuro, precisavam encontrar algum modo de
perdoá-la. Começaram por lhe mandar uma carta enquanto estava
na prisão, e ela respondeu. Hoje, quando eles contam sua história
em público, a história de Lisa é incluída. Lisa, que já cumpriu sua
pena, acompanha Dan e Lynn em suas palestras. Se é difícil imaginar um perdão que permita a alguém ter um relacionamento
com a responsável pela morte das próprias filhas, isso é compreensível. Não foi fácil nem rápido, mas esse é o milagre do perdão.

Não se preocupe muito com o modo ou local onde contará a sua história. O mais importante no processo de superação é que ela seja contada. Observe como ela muda à medida
que o tempo passa e você avança pelo processo do perdão.
E mudará ainda mais quando atingir uma compreensão mais
profunda da mágoa que viveu e daqueles que a causaram.
Alguns decidem não contar a história em público, e encontram

grande conforto nessa opção. Pudemos constatar esse fato na CVR, e também em fóruns e websites públicos do mundo inteiro onde as pessoas compartilham histórias de perda, perdão e reconciliação. Pode ser profundamente terapêutico ler sobre como os outros trilham a difícil estrada do perdão.

Podemos sentir necessidade de contar nossas histórias muitas vezes, para muitas pessoas e de muitas formas antes de nos sentirmos prontos para seguir adiante no processo do perdão. Também podemos sentir que apenas contar essas histórias já é o suficiente para aliviar o fardo que carregamos. Então, quando o fazemos, praticamos uma forma de aceitação. É como se disséssemos: "Esse fato horrível aconteceu. Não posso voltar no tempo e mudá-lo, mas posso me recusar a ficar preso no passado para sempre." Alcançamos a aceitação quando finalmente reconhecemos que pagar na mesma moeda jamais fará com que nos sintamos melhor ou desfará o que foi feito. Para citar a comediante Lily Tomlin,

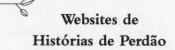

Websites de Histórias de Perdão

www.theforgivenessproject.com
www.forgivenessfoundation.org
www.projectforgive.com

"perdoar é abrir mão de todas as esperanças de um passado melhor".

Mpho decidiu compartilhar sua história do assassinato de Angela e sua jornada pelo Quádruplo Caminho do Perdão. Não é uma jornada fácil para nenhum de nós, e contar a história é apenas o começo. Devemos ir além dos fatos ocorridos até atingir os sentimentos decorrentes do mal causado. É importante contar a sua história. E é igualmente importante não se deixar aprisionar por ela. Não é apenas o que aconteceu que importa, mas também o modo como o que aconteceu nos feriu. No próximo capítulo, encontraremos formas de dar vazão à mágoa.

Mas primeiro, paremos para ouvir o que o coração ouve.

A quem devo contar minha história?
Quem ouvirá minha verdade?
Quem pode abrir o espaço que minhas palavras desejam preencher?
Quem manterá esse espaço aberto para as palavras que saem
em estilhaços velozes, cortantes,
E as palavras que vêm hesitantes ao mundo,
sem saber se serão bem recebidas?
Você pode abrir esse espaço para mim?
Pode se abster de fazer perguntas, sugestões e julgamentos?
Pode esperar comigo pelas verdades que se escondem
por trás de minha tristeza, medo, esquecimento, dor?
Pode apenas manter o espaço aberto para que eu conte a história?

Resumo
Conte a história

- Fale a verdade.
- Comece pelos fatos.
- Conte a história primeiro a um amigo, ente amado ou pessoa de confiança.
- Considere a possibilidade de contar a história para a própria pessoa que o prejudicou, ou de lhe escrever uma carta.
- Aceite o fato de que o que aconteceu não pode ser mudado nem desfeito.

Meditação

A Caixa de Mágoas

Você pode se envolver no manto de segurança que criou no Capítulo 2.

1. *Crie um espaço seguro.* Pense em um lugar onde se sinta seguro. Pode ser real ou imaginário. Visualize esse lugar com nitidez e imagine-se nele. Você está em casa ou ao ar livre? É um espaço amplo, a céu aberto, ou um cantinho aconchegante? Qual é o seu cheiro? Qual é a sensação do ar na sua pele? Que sons você ouve? Música? O crepitar de uma fogueira? Pássaros cantando? O murmúrio de um riacho ou fonte? Ondas do mar? O sussurro suave da relva oscilando em meio à brisa? Existe um lugar convidativo onde você pode se sentar confortavelmente. Relaxe nesse lugar. É o seu lugar seguro.

2. *Alguém está chamando por você.* Essa pessoa o chama com uma voz cheia de carinho, amor e alegria. Quando você estiver pronto, receba-a no seu lugar seguro. Observe como a presença dela aumenta seu senso de segurança. Quem é o seu companheiro ou companheira? Algum ente amado, um amigo, uma figura espiritual? Alguém que é receptivo, acolhedor e totalmente confiável?

3. *Entre você e seu companheiro encontra-se uma caixa aberta.* Olhe para a caixa. É pequena e leve o bastante para você carregar. Observe seu tamanho, formato e textura. O que é único nessa caixa? Conte ao seu companheiro a história da mágoa que você carrega. Conte a verdade sobre como você foi ferido, desprezado, desrespeitado, envergonhado ou humilhado, com tantos detalhes quantos puder se lembrar. Enquanto fala, veja a mágoa e as palavras se derramando de sua boca numa torrente. Observe a torrente sendo despejada na caixa aberta. Fale até não restar mais nada. Seu companheiro tem todo o tempo do mundo. Tudo que ele quer nesse momento é ficar em sua companhia até você ter acabado. Quando tiver dito tudo que há para dizer, feche a caixa de mágoas.

4. *Pegue a caixa no colo.* Você pode preferir continuar sentado com ela no colo por alguns momentos. Quando estiver pronto, entregue-a ao seu fiel companheiro. Saiba que sua caixa está em mãos seguras. Você não precisa mais carregar essas mágoas.

5. *Quando estiver pronto, pode deixar o seu lugar seguro.* Saiba que seu fiel companheiro levará a caixa de mágoas daquele local, mas a devolverá se você precisar.

Ritual com a Pedra

Desabafar com a Pedra

1. Agora que se imaginou despejando a sua história no interior da caixa de mágoas, está na hora de realmente dar vazão ao que aconteceu. A palavra falada é poderosa.
2. Pegue a sua pedra e conte-lhe a história do que aconteceu com o máximo de detalhes que puder. Lembre-se de dizer a verdade, sendo o mais fiel a ela que a memória lhe permitir. Falar com a pedra pode ser um modo emocionalmente seguro de se preparar para contar sua história a outra pessoa.

Exercício para o Diário

1. Abra o diário e escreva a sua história. Encha quantas páginas for necessário.
2. Escrever é uma forma poderosa de contar uma história. Enquanto você escreve, pode se lembrar de detalhes que não recordou ao falar.
3. Se já se sente mais seguro e confortável, sempre pode ler o que escreveu para uma pessoa que você ama e em quem confia.
4. Mais tarde você pode decidir ler ou enviar o que escreveu para o agressor, mas nós o encorajamos a antes continuar seguindo o Quádruplo Caminho. A história é apenas o começo.

Capítulo 5

Dar Vazão à Mágoa

– QUE TIPO DE MÃE SOU eu para permitir que minha filha fosse tão ferida assim? Não uma vez, mas duas. Sinto tanta raiva. Sinto-me tão incompetente, tão humilhada, tão envergonhada. – As palavras e sentimentos se derramaram da mulher numa torrente, enquanto Mpho escutava.

Mpho fora chamada ao hospital pelo ginecologista de plantão. Era a segunda vez em menos de um ano que o médico atendia à filha de oito anos da mulher. Da última vez, embora ela exibisse sinais de abuso sexual, sua história apresentava contradições. O promotor público se recusou a apresentar uma denúncia contra o homem que ela acusara.

Dessa vez, foi diferente. A mãe encontrou a roupa de baixo da filha suja de sangue. Ela levou a filha à delegacia, e depois ao hospital. Elas foram num carro da polícia até o bairro em que moravam e, na segurança do carro policial, a menina apontou

102 | O LIVRO DO PERDÃO

o vizinho que a molestara e aterrorizara. "Se você contar, eu mato sua mãe, seu pai, sua irmã e seu irmãozinho", dissera-lhe ele. Dessa vez, a menina recebeu a garantia de que ninguém morreria e que o homem que a apavorava seria preso. Ela não precisava inventar um agressor. Ela contou a verdade. E a contou novamente, e mais uma vez, e mais outra – para a mãe, depois para a polícia, e então para o médico.

Enquanto a menininha contava sua história e dava vazão à mágoa e ao medo, sua mãe escutava em torturado silêncio. Quando Mpho foi chamada ao hospital, a menininha já havia repetido sua história várias vezes e, se fosse ser franca, já estava farta disso.

Mpho chegou ao hospital sentindo-se um pouco preocupada. Não encontrara ninguém para ficar com a filha, Nyaniso, que tinha cinco anos na época. Então, fazendo o que qualquer boa mãe faria, preparara uma sacola com petiscos e brinquedos para a filha e a levara consigo em seu chamado pastoral.

A menininha era franzina para sua idade. Tinha mais ou menos o mesmo tamanho de Nyaniso, que, ao contrário, era alta para uma menina de cinco anos. Pela primeira vez, a falta de uma babá foi uma bênção. A menininha já estava cansada de contar a sua história. Só queria acabar logo com isso e se dedicar à importante tarefa de brincar. Nyaniso preencheu o papel de companheira à perfeição. Com as crianças ocupadas, as mães puderam conversar.

A mãe da menininha tinha o sofrimento estampado no rosto ao contar a história. Agora, num jorro de palavras atormentadas, ela precisava dar vazão à mágoa.

Cada um de nós tem uma história para contar de quando fomos feridos. Quando acabamos de contar nossas histórias – os detalhes referentes a quem, quando, onde e o que fizeram conosco –, devemos dar vazão à mágoa. Extravasar a emoção é o modo

Dar Vazão à Mágoa | 103

de compreender como o que aconteceu nos afetou. Depois de contarmos os fatos ocorridos, devemos enfrentar os sentimentos. Cada um de nós é ferido de uma maneira altamente pessoal e, quando damos vazão à dor, começamos a superá-la.

E, quando começamos a superá-la, nossa relação com a história se enfraquece e somos capazes de escolher quando e onde compartilhá-la. Até o processo de superação começar, podemos nos ver presos, repetindo maquinalmente nossa história – ou pedaços da história – para toda e qualquer pessoa, a despeito de quem seja e da situação. Muitos de nós já vimos pessoas que murmuram suas histórias para si mesmas em voz alta, uma vez atrás da outra. Estão presas no seu trauma, sendo literalmente levadas à loucura pela incapacidade de transcender o que lhes aconteceu. O processo de cicatrização da memória exige uma cuidadosa montagem das peças de quebra-cabeça da experiência vivida, mas, assim que sabemos o que aconteceu, devemos ir além dos meros fatos, até os sentimentos em carne viva. Embora possamos relutar em enfrentar a verdade de nossos sentimentos ou a profundidade de nossa dor, é o único modo de superá-las e seguir adiante. Meu querido amigo, o Padre Michael Lapsley, foi vítima de uma carta-bomba durante o apartheid que o levou a perder ambas as mãos e uma das vistas. O Padre Lapsley dedica sua vida a ensinar às pessoas a se curarem contando suas histórias. Falando por experiência, ele tem plena consciência da necessidade de perdoar em resposta ao trauma. Ele nos relembra da importância de enfrentar e acalmar a dolorosa urgência de nossas emoções. Em suas próprias palavras: "Não podemos abrir mão de sentimentos que não possuímos."

Damos vazão às nossas mágoas não para sermos vítimas ou mártires, mas para podermos nos libertar do ressentimento, da revolta, da vergonha ou da perda de amor-próprio que podem

104 | O LIVRO DO PERDÃO

crescer e se infeccionar dentro de nós quando não tocamos na dor nem aprendemos a perdoar.

Por que Devemos Dar Vazão à Mágoa?

Muitas vezes parece mais fácil ou mais seguro ignorar uma mágoa, reprimi-la, tirá-la da cabeça, fingir que não aconteceu ou racionalizá-la, dizendo a nós mesmos que não devíamos nos sentir como nos sentimos. Mas uma mágoa é uma mágoa. Uma perda é uma perda. E um mal sentido mas negado sempre encontrará uma forma de se expressar. Quando enterro minha mágoa em vergonha ou silêncio, ela começa a se infeccionar de dentro para fora. Sinto a dor mais agudamente, e sofro ainda mais por sua causa. Casos de divórcios em tribunais confirmam isso com lamentável frequência. Casamentos desmoronam sob o peso de ressentimentos guardados e mágoas inconfessas. Quando ignoramos a dor, ela cresce cada vez mais e, como um abscesso jamais drenado, termina por se romper. Quando isso acontece, pode atingir qualquer área de nossa vida – a saúde, a família, o emprego, as amizades, a fé, e até a própria capacidade de sentir alegria pode diminuir em consequência dos ressentimentos, da revolta e das mágoas jamais ventiladas.

Devemos ser especialmente corajosos e dar vazão às mágoas que nos levam a sentir vergonha ou nos diminuem. Quando nossa dignidade é violada, não fazemos bem a ninguém guardando a ferida no armário de um passado que nos recusamos a reconhecer. Não precisamos sucumbir à tentação de reagir a uma violação dessas através da retaliação. É somente desse modo que podemos impedir que a dor e a depressão criem raízes em nós. É apenas desse modo que temos uma chance de ser livres.

Devemos fazer todo o possível para arrancar o mal pela raiz que vem nos amarrando há tanto tempo. E o único modo de arrancar essa raiz é através da verdade. Muitas vezes já se disse que somos tão doentes quanto os segredos que guardamos. O mal inicial costuma ser agravado por nossa vergonha e silêncio sobre o que sofremos. Isso pode ser particularmente verdadeiro no caso das vítimas de estupro, incesto e outros tipos de abuso sexual. Mulheres no mundo inteiro ouvem que foi por sua culpa que foram atacadas ou estupradas. Às vezes crianças são forçadas a guardar segredos de adultos. A menininha cuja história abriu este capítulo foi uma dessas crianças. Ela poderia ter crescido acreditando que de algum modo fora responsável ou merecera a violação e os maus-tratos que sofrera. Felizmente, sua experiência foi diferente. Como crianças, podemos não ser capazes de dar vazão aos males que experimentamos, mas como adultos devemos dar vazão a qualquer abuso que ainda viva dentro de nós. Não somos responsáveis pelo que nos despedaça, mas podemos ser pelo que nos reconstrói. Dar vazão à mágoa é o modo como começamos a curar nossas neuroses.

Quando É Necessário Dar Vazão à Mágoa?

Talvez você se pergunte: como posso saber quando uma mágoa precisa ser expressa? Como posso saber quando uma ferida precisa ser ventilada e não ignorada? Não será uma ocupação em tempo integral, se eu preciso passar por todo o processo do perdão cada vez que alguém me insulta ou desrespeita, ou cada

106 | O LIVRO DO PERDÃO

ocasião em que meu orgulho é ferido? A verdade é que embarcamos nesse processo sempre que sofremos um dano ou violação. Às vezes atravessamos o ciclo do perdão tão depressa que mal notamos nossos pés dando os passos. Se meu filho de dois anos, brincando, quebra o meu jarro favorito, posso dar um tapa na sua mão, um ato de retaliação inútil disfarçado em disciplina. Mas também posso dizer: "Ah, não! Eu adorava esse jarro. Foi um presente de aniversário do meu melhor amigo. Estou tão triste. Nós devíamos ir brincar lá fora. Bem, vamos esquecer isso e varrer os cacos." Embora eu não estivesse prestando atenção, todos os passos estavam lá: eu me encontrei na bifurcação da estrada e escolhi o caminho do perdão; contei a história, dei vazão à mágoa e reconheci que meu filho de dois anos ainda é um ser humano muito pequeno, que tem muito a aprender; e aceitei que o jarro quebrado não pode voltar ao seu estado anterior. Em dois tempos o processo se completou, e renovei o relacionamento de um pai amoroso com seu filho ativo.

Assim, como sabemos quando precisamos trilhar o ciclo do perdão mais lenta e deliberadamente? Não há regras rígidas e rápidas. Não podemos categorizar todos os tipos diferentes de mágoas e lhe dizer qual vai levar tempo e qual não vai. Cada um de nós é diferente, e cada um de nós enfocará o dano de forma diferente, dependendo das circunstâncias. O mais importante de tudo é compartilharmos nossas tristezas, dores, medos e mágoas.

Minha irmã mais nova costumava me chamar de bebê chorão. Embora provavelmente o insulto fosse justificado, ainda assim doía. "O que os outros pensam de você não é problema seu", era a opinião de minha mãe. Queria dizer com isso que as palavras de minha irmã não deviam importar para mim, e eu devia apenas ignorar sua opinião grosseira. Embora talvez seja verdade, e o ideal fosse que todos nós pudéssemos deixar os julgamentos negativos dos outros entrarem por um ouvido e saírem pelo outro, ainda assim observamos que a opinião alheia pode magoar, e profundamente. Às vezes uma ferida física é mais fácil de expressar, perdoar e cicatrizar porque é óbvia e tangível. Um ferimento psicológico é mais difícil de ser identificado. Pode pôr em xeque nosso senso de segurança, nossa necessidade de aceitação e integração, nossa identidade e nosso senso de valor como seres humanos. Foi isso que a mãe da menina expressou no hospital – sua identidade e seu senso de valor como mãe foram violados. A humilhação pode cortar tão fundo quanto a mais afiada das lâminas. Todos podemos pedir ajuda quando alguém nos ataca fisicamente, mas de que auxílio necessitamos quando o ataque é emocional, quando nos sentimos ignorados, rejeitados ou diminuídos?

Em seu livro *Dignity*, Donna Hicks explica que a dor provocada por ataques diários à nossa dignidade não é imaginária. Ela pode minar nosso senso de valor e nossos relacionamentos. Segundo ela, os neurocientistas já demonstraram que uma ferida psíquica, como a de ser excluído, estimula a mesma parte do cérebro que é estimulada quando sofremos um ferimento físico. Em outras palavras, o cérebro processa e sente esses ferimentos do mesmo modo. Não distingue um tipo do outro. Na realidade, as palavras nos ferem. Elas cortam muito fundo. Seja a dor física ou emocional, enfrentamos as mesmas perguntas sobre como responderemos ou reagiremos. Se você bate em mim, devo bater em você também? Se você me xinga, devo procurar um insulto ainda pior para dirigir a você? Se você me desumaniza, devo encontrar um modo de diminuir a sua

108 | O LIVRO DO PERDÃO

dignidade, ou arranjar outra pessoa para oprimir e, assim, me sentir melhor? O ciclo interminável da vingança, da retaliação, da mágoa que produz mais mágoas, do ajuste de contas, do olho por olho, pode ser físico, verbal ou emocional.

Jamais Dar Vazão à Mágoa

Jamais dar vazão à mágoa pode ter consequências imprevistas e imprevisíveis em nossas vidas. Enquanto estava na universidade, uma mulher que chamaremos de Clara Walsh recebeu um telefonema que mudou sua vida. Sua irmã mais velha, Kim, morrera em um acidente de carro. A polícia acreditava que alguém, num bar local, pusera um entorpecente na sua bebida a fim de estuprá-la, e que em seguida ela fora levada num carro lotado de homens que não conhecia. O carro ia a noventa quilômetros por hora quando bateu numa coluna. Todos morreram na mesma hora. Clara relembrou:

Eu não sabia o que significava perder alguém. Num momento a pessoa está lá, no outro não está mais. Eu me senti assustada, chocada, com ódio. Não tinha respostas para nenhuma de minhas perguntas, porque os homens que estavam no carro com minha irmã também haviam morrido. Tomei um avião para casa a fim de comparecer ao enterro, mas ninguém na família quis falar sobre o que acontecera. Ela era minha única irmã, e era como se tivesse havido algum acordo tácito no sentido de que jamais devia voltar a ser mencionada. Eu me sentia confusa, só tinha dezenove anos, e estava totalmente perdida. Nossos parentes não choraram. Nenhum falou sobre o acidente. Ninguém me disse como agir quando uma pessoa amada morre. Eu não tinha qualquer parâmetro, nenhum modelo de luto ou superação.

Voltei para a universidade e tive pesadelos horríveis sobre a morte de minha irmã, seu corpo mutilado, estranhos ferindo-a. Não sabia como pedir ajuda. Nem mesmo sabia que precisava de ajuda. Por fim, meu maxilar travou de tanto eu trincar os dentes. Tive que me submeter a uma cirurgia para destravá-lo. Continuei com meus estudos e, por fim, me casei e tive filhos. Durante dez anos, morria de medo de que, se amasse alguém, a pessoa iria morrer. Fantasias terríveis me passavam pela cabeça sempre que meu marido ia trabalhar, sempre que algum de meus filhos estava longe de mim. Eu tinha certeza de que eles jamais voltariam.

Foi como se o mundo tivesse se tornado um lugar perigoso quando minha irmã morreu. Perdi muitos anos de minha vida sentindo medo, sem conseguir falar sobre a morte de minha irmã, sem saber como expressar o que sentia e sem saber que precisava me permitir sentir a dor. Eu me fechei e, por fim, meu casamento acabou. Estava profundamente deprimida, mas aprendi a fingir que estava tudo bem quando não estava. Por fim, comecei a beber para afogar a dor e o medo. Comecei a me autodestruir, recorrendo às drogas e à bebida para lidar com a vida, com meus sentimentos, com todo aquele medo. Às vezes me pergunto como teria sido voltar no tempo até o enterro de minha irmã e fazer tudo de outro jeito. Minha vida teria sido muito diferente. As vidas de meus filhos teriam sido muito diferentes. Se eu tivesse podido dar vazão à mágoa, conversado sobre meus medos, compartilhado meus sentimentos, isso teria mudado tudo.

110 | O LIVRO DO PERDÃO

O Papel do Luto Emocional

Quando experimentamos qualquer tipo de perda que nos faça sofrer, há sempre uma atmosfera de luto. Embora muito já tenha se escrito sobre esse tipo de dor, foi principalmente para aqueles que perderam um ente amado. Mas a dor causada pela perda não ocorre apenas quando alguém morre. Ela ocorre sempre que perdemos algo que nos é caro, ainda que seja nossa confiança, nossa fé ou nossa inocência. É importante compreender o papel que esse tipo de dor desempenha no processo do perdão, mais especificamente em relação ao passo a que chamamos de Dar Vazão à Mágoa.

O luto emocional é o modo como enfrentamos e liberamos a dor que sentimos. Ele tem muitos estágios bem documentados – a negação, a raiva, a barganha, a depressão e, por fim, a aceitação. Assim como experimentamos esses sentimentos após o trauma da morte de um ente amado, muitas vezes experimentamos os mesmos estágios durante e depois de qualquer trauma grave, como uma traição ou um ataque. Podemos passar pelos estágios da dor ou pular de um para o outro, e de volta. Não há prazo, ordem ou modo fixo de experimentar a dor associada à perda. A pessoa pode começar negando o que aconteceu e de repente cair em profunda depressão, ou já estar começando a aceitar o fato e de repente voltar a sentir raiva. Não existe um modo certo de viver esse tipo de dor, mas ela é essencial. É como aceitamos não apenas a provação que suportamos, mas também o que poderia ter sido se a vida tivesse seguido um caminho diferente. Nós nos enlutamos tanto pelo que poderia ter sido quanto pelo que foi.

Quando damos vazão a nossas mágoas, já deixamos para trás o estágio da negação. Não podemos honestamente dar vazão a nossos sentimentos e negá-los ao mesmo tempo. Mas não devemos nos recriminar nem mesmo por essa negação. Ela existe por um motivo. A negação nos protege da dor relembrada e pode servir para amenizar o luto emocional. Quando uma perda parece insuportável ou enlouquecedora, a negação pode ser uma forma de facilitar a aceitação daquela perda. Mas a negação prolongada pode nos levar à autodestruição, como vimos na história de Clara. Ouso dizer que na raiz da luta trágica de quase todo toxicômano ou alcoólatra está a negação da dor. A dependência das drogas e o alcoolismo são apenas duas das muitas consequências possíveis quando nossa dor e sofrimento não são superados através do Ciclo do Perdão.

Quer estejamos sofrendo pela perda de um ente amado, um casamento, um emprego, uma esperança que nos era cara ou alguma outra medida de nosso valor, podemos passar rapidamente para a revolta. Sentimo-nos revoltados com os outros, com nós mesmos ou com Deus por permitir que tal crueldade ocorra em nosso mundo. Naquele quarto de hospital, a jovem mãe expressou sua revolta. Mas, tendo dado vazão a ela, foi capaz de enfrentá-la e superá-la. A raiva pode ter seu papel no presente, mas não tem a capacidade de mudar o passado, e raramente satisfaz nossos verdadeiros desejos no futuro. Se me revolto, sou humano; se permaneço trancado na minha revolta, sou um prisioneiro.

O próximo passo no processo do luto emocional, barganhar, é outra forma de inconformismo, muito semelhante à negação. Se eu tivesse feito isso ou aquilo, ido nessa direção e não naquela, essa perda não teria ocorrido, essa dor não teria sido sentida. "Se eu fosse uma mãe melhor, se tivesse ficado em casa em vez de ir ao meu encontro", barganhou a mulher no hospital, "minha filha teria ficado segura". Não podemos

112 | O LIVRO DO PERDÃO

barganhar com a mágoa, a culpa, a vergonha ou a realidade de nossa perda. A única maneira de nos livrarmos das mágoas é enfrentando-as. Barganhar não é o mesmo que aprender com nossas experiências e deixar que nos transformem. A superação é incondicional. Infelizmente, não podemos ditar os termos do processo de superação.

A depressão no processo do luto emocional é uma reação compreensível à conscientização de que a vida mudou, geralmente de modo doloroso ou mesmo trágico. Como prosseguir quando um ente amado morreu? Como encontrar alegria quando um cônjuge nos deixou? Onde está a esperança quando um prognóstico é terminal? O que fazer para avançar em meio a essa dor devastadora? Encontramos a esperança e a superação no último estágio do luto emocional: a aceitação.

A aceitação é o reconhecimento de que as coisas mudaram e não voltarão mais a ser como eram antes. É assim que podemos encontrar a força para prosseguir a jornada. Aceitamos a realidade do que aconteceu. Aceitamos a mágoa, a tristeza, a revolta, a vergonha, e ao fazê-lo aceitamos nossa vulnerabilidade. O reconhecimento de nossa vulnerabilidade é fundamental. Como vimos no Capítulo 3, "Compreender o Quádruplo Caminho", há apenas duas escolhas quando enfrentamos uma perda. Podemos pôr a mão no coração e aceitar nosso sofrimento, nossa vulnerabilidade e fragilidade humanas. Ou podemos rejeitar esse sofrimento, essa vulnerabilidade, essa fragilidade, e erguer os punhos, clamando por vingança. Como veremos no próximo capítulo, é nossa humanidade comum, nossas perdas comuns e nossa dor comum que, em última análise, permitem que nos reconectemos com o mundo ao nosso redor. Somos prejudicados juntos, e nos curamos juntos. É somente nessa frágil teia de relacionamentos que redescobrimos nosso propósito, significado e alegria depois da dor e da depressão. A teia se romperá uma vez atrás da outra, mas podemos reconstruí-la. Somente ao restaurar a teia de conexões podemos encontrar a paz. Tenho certeza de que é possível atingir a superação até sozinho, numa caverna no alto de uma montanha, mas para a maioria de nós a superação mais rápida e mais profunda ocorre quando os outros nos abraçam.

Quando negamos nossos sentimentos, quando escolhemos não dar vazão a nossas mágoas e rejeitamos a dor de nossas perdas, sempre acabamos buscando a destruição. Pode ser autodestruição, como Clara vivenciou em seu esforço para anestesiar a dor não reconhecida. Podemos entrar no ciclo da retaliação na vã esperança de que ferindo os outros iremos aliviar nossa dor. Não iremos. A única maneira de aliviar a dor é aceitá-la. A única maneira de aceitá-la é dar vazão a ela e, ao fazê-lo, senti-la plenamente. Desse modo, você descobre que a dor faz parte de uma tapeçaria maior e eterna de perdas e dores humanas. Você se dá conta de que não está sozinho em seu sofrimento, que outros o experimentaram e sobreviveram, e que você também pode sobreviver e conhecer a alegria e a felicidade novamente. Quando você abraça seus sentimentos, abraça a si mesmo e permite que os outros o abracem também.

Não Sentir Está Errado

Enquanto as vítimas compartilham as muitas nuances de seus sentimentos e perdas, não pode haver discussão. Como diz o Padre Lapsley em seu maravilhoso livro, *Redeeming the Past*:

114 | O LIVRO DO PERDÃO

"As pessoas devem ser encorajadas a sentir ao máximo, não importa quão constrangidas se sintam... Elas precisam de espaço para ser fracas e vulneráveis durante um tempo antes de poderem se tornar fortes."[9] Isso é verdade independentemente do que tenha magoado você e do que qualquer um diga que você "deveria" estar sentindo e por quanto tempo.

Quando Mpho veio me procurar, desesperada pelo assassinato de Angela, tive de criar um espaço para sua dor e seu luto. Ela estava num abatimento enorme, e eu só queria poder fazer com que passasse, aliviá-lo de algum modo. Tive de aceitar que isso não era possível, que eu não podia desfazer a brutalidade do assassinato de Angela, ou a tristeza e a depressão que pareciam avassaladoras demais para nossa família suportar. Tudo que pude fazer foi ouvir Mpho quando ela deu vazão às muitas formas assumidas pela sua dor, que também era de tantos outros:

Eu não conhecia as muitas peças envolvidas num acontecimento desses. É preciso que haja uma demolição para que se veja a estrutura de um edifício. É como se uma explosão tivesse destruído o reboco e eu pudesse ver toda a trama de conexões. Estamos profundamente conectados uns aos outros – nossa família, Angela, a família de Angela. As repercussões são vastas e incessantes.

Eu mergulhara na dor e na culpa. Ouvi os gritos da mãe e dos filhos de Angela ao telefone. Como alguém pode se recuperar desse tipo de desespero, daqueles gritos de dor? Mas senti que era minha responsabilidade dizer a eles. Sabia que a notícia da morte dela tinha que vir de mim. Honestamente, não sei como suportar minha dor e a dor da família de Angela. Eu me sinto como se eles fossem me associar à morte para sempre por ter sido eu que dei a notícia. Tinham muitas perguntas, e foi muito difícil porque não puderam vê-la. Eu a vi. Angela tinha viajado de tão longe pelos filhos e pela

*família, para poder dar uma vida melhor a eles, e isso tinha aconte-
cido. Ela trabalhou para mim, e me sinto extremamente culpada. Se
não a tivesse contratado, será que ainda estaria viva?*

*No começo eram só a dor pela perda e o sentimento de culpa,
mas então a fúria entrou em cena. Essa pessoa não roubara apenas
a vida de Angela, mas também a nossa liberdade e senso de segurança, nossas raízes e nosso próprio lar. Nunca poderemos voltar lá.
Os itens que ele roubou da casa não são nada comparados com o
roubo de todas as nossas lembranças felizes. Nosso lar não é mais
um lar; é a cena de um crime. Nyaniso não consegue pensar no seu
quarto sem pensar em violência e assassinato. Como se pode recuperar o senso de segurança? Ele simplesmente se perde.*

*A fúria ainda vem e vai. Ouço muitas vozes e perguntas na
minha cabeça. Onalenna perguntando onde tia Angela está e se está
bem. Se a pessoa má vai voltar, e eu sei que o que ela realmente quer
saber é se está segura, se será machucada. Ouço Nyaniso chorar e dizer
que só quer acordar, me pedir para acordá-la desse pesadelo. E eu não
posso acordá-la porque o pesadelo é real. Sinto-me como se tivesse
perdido o poder de proteger minhas filhas e mantê-las seguras. Estava
com tanto medo de que isso tivesse neurotizado Nyaniso. Como o mal
pode ter chegado tão perto de minhas filhas? Como posso tê-lo deixado chegar tão perto? Como mãe, é uma sensação horrível. Não
posso tornar o mundo seguro para elas. Faz com que tudo pareça tão
fora de controle. Tenho tanto medo e tanta ansiedade, e sempre essa
mistura de tristeza e dor, afetando tudo e todos.*

Meu coração se encheu de dor quando vi minha filha e
minhas netas sofrendo tanto. Diante do sofrimento de Mpho,
tive de refrear o impulso de tentar aliviá-lo. A única maneira
como realmente podia ajudá-la era apenas ouvindo e oferecendo minha presença e meu amor. Mpho estava preocupada, o

que era compreensível, com o impacto que o fato de Angela ter sido assassinada no quarto de Nyaniso surtira sobre ela. Seria um horror para qualquer um. Uma amiga recomendou que Mpho e Nyaniso consultassem uma terapeuta especializada em traumas. A terapeuta disse a Nyaniso que fazia perfeito sentido se ela quisesse lidar com a sua dor fingindo que era um sonho, pois essa era uma escolha válida. Também explicou que enfrentar a realidade era outra opção, e perguntou a Nyaniso qual das duas lhe conviria mais, qual seria a mais útil, qual seria a melhor atitude para superar o que acontecera.

Ao validar os sentimentos de Nyaniso sem qualquer julgamento ou argumentação lógica em contrário, Nyaniso se sentiu reconhecida e segura para enfrentar a perda e a dor, e escolheu o caminho que melhor conviria à sua cura. Não é nada fácil ou confortável ouvir desabafos dolorosos de entes amados ou pessoas que nos são caras, mas se nosso objetivo é ajudá-los, devemos fazê-lo sem reservas, com uma atitude amorosa e compreensiva.

Como Reconhecer o Mal Feito

- Ouça a pessoa com atenção.
- Não tente aliviar sua dor.
- Não minimize sua perda.
- Não ofereça conselhos.
- Não responda contando sobre sua própria perda ou dor.
- Mantenha a confidencialidade.
- Ofereça o seu amor e apoio.
- Empatize e ofereça conforto.

Dar Vazão à Mágoa | 117

Quando sofremos, devemos agir como Nyaniso e passar da negação da dor para a aceitação do mal feito. Não podemos suportar a dor sozinhos. Devemos superá-la juntos, pois quando compartilhamos nosso quinhão da neurose coletiva, descobrimos, não sem surpresa, que estamos menos neuróticos. Nosso coração fica mais leve e nossas feridas começam a cicatrizar. Encontre alguém que ouça e reconheça o dano que você sofreu, e desabafe a sua mágoa até sentir que a esvaziou totalmente.

A Quem Contar?

Precisamos contar a cada pessoa todas as mágoas que sofremos? Claro que não. Só você sabe quais feridas estão em carne viva. Só você pode medir seu próprio sofrimento e saber em quem investir sua confiança. Encorajo-o a dar vazão à mágoa que sente o mais depressa possível. Mágoas sempre encontram uma forma de expressão. Quer se dirijam para o interior e lhe causem sofrimento, quer se voltem para o exterior e firam aqueles que estão ao seu redor, elas não ficarão inativas. Você pode não ter tido escolha ao ser ferido, mas sempre pode escolher ser curado.

Como mencionamos no capítulo anterior, em um mundo ideal aqueles que nos magoaram viriam até nós, admitiriam seus erros e testemunhariam o sofrimento que nos causaram. Por nossa vez, nós lhes contaríamos sobre a profundidade de nossa perda e dor. Faríamos perguntas, receberíamos respostas satisfatórias e completas, compreenderíamos, perdoaríamos e renovaríamos os relacionamentos. Desculpas seriam oferecidas, o remorso expresso, a justiça cumprida

118 | O LIVRO DO PERDÃO

e as reparações feitas. Mas o caminho do perdão raramente segue essa ordem ideal.

E o que fazer quando a pessoa que nos feriu já faleceu? É o caso de meu pai. Há perguntas que eu gostaria de lhe fazer, mas nunca poderei. E quando não sabemos quem nos feriu? Como Mpho e sua família, muitas pessoas vivem com casos não resolvidos de assassinato, são vítimas de ataques terroristas ou violentadas por agressores desconhecidos. E se ver a pessoa que nos feriu acabar por nos ferir mais ainda? E se ela não se importa por nos ter magoado? E se ainda não sabe o quão desesperadamente precisa do nosso perdão? E se não quer ou não pode nos ouvir? Ainda podemos dar vazão à mágoa? A resposta é sim.

Em muitos casos, a causa de nosso sofrimento é um grupo, um governo ou uma instituição. Hoje, os refugiados do Sudão vivem com medo da milícia Janjaweed; na Síria, os bombardeios e o terror se tornaram realidades diárias; o Afeganistão suportou décadas de guerra, ocupações e opressão; na África do Sul, embora o apartheid tenha desaparecido de nossos livros oficiais, seus efeitos continuam a impedir o progresso. A milícia do Sudão, o governo sírio, as facções em guerra e as forças invasoras no Afeganistão e o velho regime na África do Sul são instituições, não indivíduos. Ainda é possível trilhar o caminho do perdão? Mais uma vez, a resposta é sim.

Se você não pode ou prefere não dar vazão à sua mágoa com o perpetrador, pode conversar com um amigo de confiança ou membro da família, um orientador espiritual, um terapeuta, alguém que tenha sofrido o mesmo tipo de dano, ou qualquer um que não julgue você e seja capaz de ouvir com amor e empatia. Assim como ao contar a história, você pode escrever sobre sua mágoa em uma carta ou diário. O mais importante é compartilhar com alguém que seja capaz de receber seus sentimentos sem julgar você ou fazer com que se envergonhe por tê-los. Na verdade, como nunca é fácil enfrentar diretamente aquele que nos feriu, encorajo-o fortemente a, antes, dar vazão à sua mágoa com terceiros.

Encontrar a Sua Voz

Quando damos vazão à nossa mágoa, ela perde a ascendência que tem sobre nossas vidas e identidades. Deixa de ser o personagem central de nossas histórias. Em última análise, como discutiremos no próximo capítulo, o ato de perdoar ajuda a criar uma nova história. O perdão permite que nos tornemos autores de nosso futuro, desacorrentando-o do passado. Mas, para que possamos começar a contar uma nova história, devemos primeiro ter coragem de falar. Mpho é corajosa ao falar de sua mágoa. É humano querer retaliar, sentir raiva e experimentar um profundo ressentimento em relação àqueles que nos prejudicaram. No entanto, quando compartilhamos esses sentimentos, dando vazão ao desejo de vingança, à revolta e aos muitos modos como sentimos que nossa dignidade foi violada, o desejo de vingança diminui. Há uma sensação de alívio. Sentir esse alívio não significa que não se faça justiça, ou que esteja certo alguém nos magoar. Significa simplesmente que não temos que permitir que o sofrimento nos transforme em vítimas eternas. Quando damos vazão à mágoa, assim como quando contamos a história, empreendemos o resgate de nossa dignidade e a construção de algo novo a partir dos escombros do que se perdeu.

120 | O LIVRO DO PERDÃO

Aprender a Sentir e Aprender a Perdoar

Muitas pessoas estão desconectadas de seus sentimentos e experiências. Isso geralmente ocorre em consequência de um sofrimento antigo que foi reprimido. Por essa razão, há ocasiões em que devemos reaprender a sentir. Resgatar nossa capacidade de sentir é essencial para se aprender a perdoar. Descobri que costuma ser útil reservar alguns momentos de introspecção no fim do dia ou no fim de semana para fazer um inventário, para ver se estou me apegando a algum ressentimento novo ou abrigando alguma mágoa nova. Quando reservo alguns momentos de introspecção para refletir, é mais fácil saber se estou sofrendo. Geralmente nem mesmo tenho consciência da mágoa, mas posso descobrir que ela se alojou no meu corpo. Às vezes uma mágoa não expressa se parece com ansiedade ou uma sensação de desconforto no estômago – pode ser um sinal de medo. Às vezes a dor silenciada é experimentada como um aperto no peito ou uma sensação de lágrimas querendo brotar nos olhos – pode ser tristeza ou vergonha. Se o corpo experimenta uma sensação atípica de peso ou cansaço, pode ser depressão. Qualquer um desses sintomas pode ser um indicador de que há trabalho a ser feito e mágoas a serem desabafadas.

Escolhemos nos curar e seguir em frente ao sermos corajosos e vulneráveis o bastante para sentir. Embora as emoções humanas sejam universais, muitas vezes elas se escondem abaixo do limiar da consciência. Como nos relembram os cientistas, as regiões emocionais do cérebro são mais velhas do que as regiões racionais. Já tínhamos sentimentos antes de sermos capazes de expressá-los. E geralmente ainda é o caso. Nem sempre temos o vocabulário para expressar nossos sentimentos. Quanto mais expansivo e espontâneo você conseguir ser com suas emoções, mais rica será a sua experiência de vida, e maior a sua capacidade de perdoar.

Somos Todos Uma Família

Mesmo em meio a sua dor, Mpho foi capaz de experimentar uma profunda conexão e solidariedade com outros cujos lares e senso de segurança foram violados, com outras vítimas de crimes violentos, e com todos os pais do mundo que se preocupam com a segurança e o bem-estar físico e emocional de seus filhos. Essa conexão no sofrimento comum é uma grande fonte de conforto quando sofremos.

Pode ser mais fácil dar vazão à mágoa quando se trata dos parentes e amigos que nos são mais próximos. Geralmente a mágoa é mais profunda quando alguém que amamos a causou, mas o risco envolvido em desabafá-la pode não ser tão grande. Todos nós temos pontos cegos. Todos temos momentos em que nos comportamos sem pensar nos sentimentos alheios. Mesmo que refletíssemos cuidadosamente sobre cada ato, jamais poderíamos antecipar como todas as pessoas iriam reagir a eles. Muitas vezes Mpho e sua melhor amiga magoam uma à outra sem intenção, mas Mpho explica: "É uma dádiva imensa ter uma amiga que aponta um espelho com tanto carinho para meus pontos cegos. 'Com tanto carinho' não significa necessariamente com delicadeza ou de modo indolor. Minha melhor amiga e eu já tivemos brigas muito sérias, muito dolorosas. Mas aprendemos a dar vazão a nossas mágoas, e a fazer isso depressa. Muitas vezes descobrimos que uma não sabe que a outra está magoada, nem mesmo que um comentário ou ato podia ser interpretado como sendo ofensivo. Dando vazão a nossas mágoas, mantemos o tecido de nossa amizade inteiro." É inevitável que nos magoemos uns aos outros; portanto, quanto antes remendarmos o tecido esgarçado de nosso amor, melhor.

122 | O LIVRO DO PERDÃO

Sendo corajosas e vulneráveis o bastante para dar vazão a essas mágoas, Mpho e a amiga descobriram um modo de manter seu relacionamento saudável e evitar que velhos rancores fermentem. Devemos aprender a fazer isso tanto com aqueles que nos são mais próximos quanto com os que encontramos em nossas vizinhanças e comunidades. Nossas vidas estão entrelaçadas, tanto às dos amigos quanto às dos supostos inimigos, todos os dias. Somos uma única família humana. Como membros de uma única família, iremos inevitavelmente nos magoar uns aos outros – às vezes de forma horrível, às vezes de forma inimaginável, e às vezes de forma irreversível. Ainda assim, como membros de uma única família, para que prosperemos, deve haver perdão. Deve haver superação.

Como veremos no próximo capítulo, podemos descobrir nossa humanidade comum e escrever uma nova história de transformação, mesmo em meio ao mais profundo sofrimento. Já contamos a história e demos vazão à mágoa. O perdão transformará tanto a nossa história quanto o nosso sofrimento.

Paremos agora para ouvir o que o coração ouve.

Encontre-me aqui.
Diga meu nome.
Não sou seu inimigo,
Sou seu mestre
E posso até ser seu amigo...
Contemos nossa verdade juntos, você e eu.
Meu nome é raiva: eu digo que você foi injustiçado.
Meu nome é vergonha: minha história é sua dor oculta.
Meu nome é medo: minha história é vulnerabilidade.

*Meu nome é ressentimento: eu digo que as coisas deveriam
ter sido diferentes.
Meu nome é dor,
Meu nome é depressão,
Meu nome é mágoa,
Meu nome é ansiedade...
Tenho muitos nomes
E muitas lições.
Não sou seu inimigo:
Sou seu mestre.*

Resumo
Dar Vazão à Mágoa

- Identifique os sentimentos associados aos fatos.
- Lembre-se, nenhum sentimento é errado, mau ou inválido.
- Reconheça os estágios da dor, e respeite qualquer ponto do processo em que se encontre.
- Procure alguém que o respeite e acolha seus sentimentos sem tentar amenizá-los.
- Aceite sua própria vulnerabilidade.
- Vá em frente quando estiver pronto.

Meditação

Validação

1. Volte ao seu espaço seguro. Observe novamente a aparência do local, seus sons, a sensação que causa em você. Se necessário, enrole-se no seu manto de segurança.
2. Agora, dê as boas-vindas ao seu companheiro fiel e compreensivo.
3. Ponha uma das mãos no coração e a outra na barriga. Respire fundo e relaxe. Quando retornar à mágoa, observe que sentimentos vêm à tona. Fique com essa emoção. Experimente e expresse como se sente a respeito do que aconteceu.
4. Cada emoção é apropriada e válida.
5. Ouça seu companheiro validar a verdade e dor dos seus sentimentos.
6. Quando tiver ouvido e aceitado essa validação, acomode-se no seu lugar seguro e descanse.
7. Quando estiver pronto, pode ir embora do seu espaço seguro.

Ritual com a Pedra

Apertar a Pedra

1. Pegue sua pedra com a mão dominante.
2. Dê vazão em voz alta a uma mágoa que esteja sentindo. Ao expressá-la, aperte a pedra.
3. Abra a mão. Ao afastar os dedos, liberte a mágoa.
4. Aperte a pedra e liberte-a novamente, enquanto dá vazão a cada uma de suas mágoas.

Exercício para o Diário

O Diário do Luto Emocional

1. Faça uma lista das coisas que perdeu. Quais foram? Você perdeu sua confiança? Sua segurança? Sua dignidade? Perdeu alguém que amava? Ou algo a que dava muito valor?
2. Agora dê nome aos sentimentos correspondentes a essas perdas. *Sinto raiva. Tristeza. Mágoa. Medo.* Fique à vontade para usar suas próprias palavras. O que o seu coração lhe diz? Qual é o peso dessa perda? Expresse-a para poder superá-la.

Capítulo 6

Conceder o Perdão

TEMOS MUITAS HISTÓRIAS GRANDIOSAS de perdão. Este livro está repleto de histórias de pessoas que tiveram a coragem de perdoar após uma perda devastadora ou um crime hediondo. Nós as admiramos. Gostaríamos de ser como elas. Mas a verdade é que as pessoas capazes de oferecer essas assombrosas dádivas de perdão são gente como você e eu. Algumas descobriram um poço de compaixão num momento de necessidade. Mas muitas apenas tinham o hábito de exercitar aquele "músculo do perdão" nos pequenos gestos diários que tornam a vida familiar mais do que meramente suportável e nos permitem caminhar pelo mundo com alegria. O exercício repetido do perdão, oferecido de pequenas formas, significa que já existe um padrão para quando, ou se, formos obrigados a enfrentar uma necessidade maior.

128 | O LIVRO DO PERDÃO

Criar filhos muitas vezes nos fez sentir como se treinássemos para uma maratona de perdão. Como outros pais, Leah e eu temos um catálogo inteiro de fracassos e raivas fornecidos por nossos filhos. Quando eram bebês, seu choro alto perturbava nosso sono. No momento em que um dos dois se levantava às pressas da cama, a irritação por ter sido acordado e a consciência de que estaria exausto no dia seguinte davam lugar ao simples reconhecimento de que se tratava de um bebê, e de que é assim que os bebês são. O pai ou mãe amorosa logo adotam uma atitude de aceitação, até mesmo de gratidão, pelo chorãozinho indefeso. Manhas de criança pequena irritam os pais, mas a irritação é logo substituída pela compreensão de que uma pessoa tão pequena ainda não dispõe de linguagem para expressar sua enxurrada de sentimentos. E a aceitação se segue.

À medida que nossos filhos cresciam, foram encontrando novas (e notavelmente criativas) maneiras de testar nossa paciência, determinação, regras e limites. Aprendemos e reaprendemos inúmeras vezes a usar os ensinamentos que suas transgressões nos ofereciam. Mas, principalmente, aprendemos e reaprendemos a perdoá-los e a acolhê-los em nossos braços novamente. Sabemos que nossos filhos são muito mais do que a soma de tudo que fizeram de errado. Suas histórias são mais do que ensaios de sua constante necessidade de perdão. Sabemos que até mesmo as coisas que fizeram de errado foram oportunidades de lhes ensinarmos a serem cidadãos do mundo. Fomos capazes de perdoá-los porque reconhecemos sua humanidade. Vimos o bem neles. Rezamos por eles. Foi fácil rezar por eles. São nossos filhos. É fácil desejar o melhor para eles.

Mas também rezo por outras pessoas que podem me irritar ou magoar. Quando meu coração abriga raiva ou ressentimento em relação a alguém, rezo pelo bem-estar da pessoa.

É uma prática poderosa, que muitas vezes abriu a porta para o perdão. As pessoas algumas vezes se mostraram chocadas ao saber que eu rezava diariamente pelo presidente da África do Sul, mesmo durante os dias mais sombrios do apartheid, mas como poderia não rezar? Rezava para que ele redescobrisse sua humanidade e, por extensão, para que nosso país redescobrisse sua humanidade.

Sua Santidade, o Dalai Lama, tem uma meditação a que chama de "Dar e Tomar". Ele se visualiza enviando aos inimigos emoções positivas, como felicidade, afeição e amor, e recebendo deles emoções negativas – que ele chama de venenos: ódio, medo e crueldade. Ele tem o cuidado de não culpar ou julgar os atos dessas pessoas. Ele inspira seus venenos e expira compaixão e perdão. É assim que reduz o ódio e cultiva uma atitude compassiva. Todos os nossos sofrimentos fazem parte de uma história maior, e quando conseguimos entender o drama mais amplo e a humanidade de todos os envolvidos, nossa revolta e desespero diminuem.

A Escolha do Perdão

Depois de contarmos nossas histórias e darmos vazão às nossas mágoas, o próximo passo é conceder o perdão. Às vezes a escolha é feita depressa e outras vezes leva tempo, mas é como inevitavelmente avançamos no Quádruplo Caminho. Escolhemos o perdão porque é o modo de encontrar a liberdade e de impedir que permaneçamos presos num círculo infinito de contar a história e dar vazão às mágoas. É como se passa do papel de vítima ao de herói. Uma vítima está em uma posição de fraqueza, sujeita aos caprichos dos outros. Heróis determinam seu destino

130 | O LIVRO DO PERDÃO

e futuro. Uma vítima não tem nada a dar e nenhuma escolha a fazer. Um herói tem a força e a capacidade de ser generoso e compassivo, e o poder e a liberdade que provêm da capacidade de optar por conceder o perdão.

Em alguns casos, encontramos o perdão depois de muito tempo, e às vezes o perdão nos encontra mesmo em meio à dor. No caso de Kia Scherr, ao tomar conhecimento dos atentados terroristas em Bombaim, onde estavam seu marido e sua filha de treze anos, o perdão foi a última coisa que lhe passou pela cabeça:

O que fazer quando o pior que poderia acontecer realmente acontece? Em novembro de 2008, meu marido, Alan, e nossa filha, Naomi, viajaram a Bombaim para fazer um retiro de meditação no Hotel Oberoi.

No dia 14 de novembro, eu me despedi de Alan e Naomi no Aeroporto Dulles, no estado da Virgínia. Ficamos em contato por e-mail e por telefone durante a semana seguinte, e no dia 24 de novembro tive minha última conversa com eles. Naomi colocara um piercing no nariz e me mandara fotos por e-mail. Ficou eufórica quando lhe contei que tinham chegado as notas do seu teste de admissão para um conceituado internato feminino em Nova York. Sua média fora 95, e ela vibrou ao receber a notícia. Alan e eu conversamos sobre tudo isso, empolgados, e nossas últimas palavras um para o outro foram "eu te amo".

No dia seguinte, tomei um avião para Tampa, na Flórida, a fim de visitar meus pais, filhos, irmãos e irmã no feriado de Ação de Graças. Quando cheguei meu e-mail no dia seguinte, não havia mensagens de Alan ou Naomi. À tarde, o telefone tocou. Era a diretora executiva da Synchronicity Foundation, que patrocinava o retiro de meditação em Bombaim. Ela me disse para ligar a tevê depressa, porque o Hotel Oberoi estava sendo atacado por

Concedendo o Perdão | 131

terroristas. Larguei o telefone, incrédula. Durante os dois dias seguintes, assisti, horrorizada, ao ataque se desenrolar em Bombaim. Não fazia ideia de onde Alan e Naomi estavam, e rezava para que estivessem seguros em seus quartos. Amigos e parentes telefonaram, unindo-se às nossas orações, e telefonaram para mais amigos, para que rezassem por nós.

Como o paradeiro de Alan e Naomi era desconhecido, meu filho mais velho, Aaron, enviou as fotos deles para a CNN, para o caso de estarem inconscientes em algum ponto de Bombaim, sem qualquer documento de identificação. Choveram e-mails do mundo inteiro. Nós nos sentimos confortados por esse apoio carinhoso de desconhecidos. Às seis da manhã de sexta, 28 de novembro, recebi um telefonema do consulado americano em Bombaim confirmando que meu marido e minha filha tinham sido mortos a tiros no Restaurante Tiffen, no Hotel Oberoi.

Minha família e eu passamos as horas seguintes sentados no sofá da sala, em estado de choque. Assistindo à cobertura do caso na CNN, vimos que um único terrorista sobrevivera. Quando vi sua foto na tevê, as palavras de Jesus Cristo me ocorreram: "Pai, perdoai-os, porque eles não sabem o que fazem." Eu não era uma pessoa religiosa, mas essas foram as palavras que ouvi. Naquele momento, virei-me para minha família e disse: "Devemos perdoá-los." Todos ficaram chocados. Acharam que eu tinha perdido a razão. Mas, naquele momento, eu só disse o que senti que era verdade. Senti um raio de paz entrar no meu coração, e soube que era a coisa certa a fazer. Soube que a única maneira de poder continuar vivendo era perdoar os terroristas. Naquele momento, soube que o perdão era essencial, por isso perdoei. "Já há ódio bastante", disse à minha família. "Devemos mandar nosso amor e compaixão." Sabia que

132 | O LIVRO DO PERDÃO

responder com amor a um ato de terror era a única maneira de triunfar sobre o terrorismo.

Aprendi que meu perdão exigiu um nível profundo de
aceitação do que havia ocorrido. Isso não significa concor-
dância ou qualquer tipo de justificação ou aprovação do
ato que me lesara. Simplesmente significa aceitar a realidade da situação e superar o incidente, que não pode ser
mudado. Assim que aceitei que meu marido e minha filha
haviam sido mortos por terroristas, pude avançar rumo à
superação. Essa aceitação me trouxe uma paz interior que
não pode ser destruída. Dentro dessa paz se encontra a
essência da humanidade que todos compartilhamos. É uma
opção que faço todos os dias.

Isso não significa que a justiça não deva ser feita. Atos
têm consequências e aqueles que cometem tais atos de violência devem ser punidos com a pena máxima prevista por
lei. O terrorista foi executado, conforme as leis indianas.
Sinto uma dor dilacerante ao pensar na desconexão que
deve ter ocorrido com esses jovens para serem capazes de
tamanha destruição. Que confusão, que desorientação terá
levado a esse comportamento desastroso? Penso na mãe
dele e como também deve ter sofrido quando o filho foi
morto. Sob esse aspecto, somos a mesma pessoa. Estamos
conectadas.

O perdão me permitiu manter o coração aberto e fle-
xível. Escolhi perdoar porque sabia que, se não o fizesse,
essa atitude me manteria fechada e enrijecida por dentro.
Quando Alan e Naomi foram assassinados, fiz a escolha
imediata de abrir mão da revolta, do ódio e de qualquer
desejo de retaliação.

Isso é verdadeira transformação. Quando damos vazão
ao poder do amor incondicional, criamos um ambiente
propício para as mudanças positivas. Ainda existe um

Conceder o Perdão | 133

mundo de possibilidades, mesmo quando acontece o pior que poderia acontecer. O perdão me dá a capacidade de contribuir com algo de valor, de criar um resultado positivo para uma tragédia terrível. Perdi Alan e Naomi, mas agora sei que passarei o resto de minha vida convidando pessoas do mundo inteiro a se abrirem à experiência da paz, do amor e da compaixão através do poder do perdão. Nossa sobrevivência como espécie humana depende disso. Não escolhi passar por essa experiência horrível. Mas o que acontece em seguida, isso eu escolho.[10]

Reconhecer Nossa Humanidade Comum

Somos capazes de perdoar porque somos capazes de reconhecer nossa humanidade comum. Somos capazes de reconhecer que somos todos seres humanos frágeis, vulneráveis e imperfeitos, capazes de inconsequência e crueldade. Também reconhecemos que ninguém nasce mau e que somos muito mais do que o pior que fizemos na vida. Uma vida humana é uma grande mistura de bondade, beleza, crueldade, mágoa, indiferença, amor e muito mais. Queremos separar o bom do mau, os santos dos pecadores, mas isso não é possível. Todos nós compartilhamos as qualidades essenciais da natureza humana, e, por isso, às vezes somos generosos e às vezes egoístas. Às vezes somos prudentes, às vezes levianos, às vezes bondosos, às vezes cruéis. Isso não é uma crença. É um fato.

Se observarmos qualquer mal causado, veremos o contexto maior em que ele ocorreu. Se observarmos qualquer perpetrador, descobriremos uma história que nos diz algo sobre o que o levou a causar aquele mal. Isso não justifica os atos da pessoa, mas fornece um contexto para eles. Descobrimos nossa

134 | O LIVRO DO PERDÃO

humanidade comum ao observarmos nossa conexão em vez de nossa separação. Kia Scherr foi capaz de reconhecer sua conexão com a mãe do terrorista, com seu sofrimento, e de demonstrar uma extraordinária compaixão até mesmo pelos homens desencaminhados que assassinaram seu marido e sua filha.

Vale a pena repetir, já que é algo tão fácil de esquecer: ninguém nasce mentiroso, estuprador ou terrorista. Ninguém nasce cheio de ódio. Ninguém nasce cheio de violência. Ninguém nasce numa glória ou bondade menor do que você ou eu. Mas, em qualquer momento, em qualquer situação, em qualquer experiência de vida dolorosa, essa glória e essa bondade podem ser esquecidas, obscurecidas ou perdidas. Podemos facilmente ser feridos, e é bom lembrar que com a mesma facilidade podemos ser aqueles que causaram a ferida.

Somos todos membros da mesma família humana. Isso não é apenas uma metáfora, é uma constatação objetiva. Todos os seres humanos modernos descendem daquela que os cientistas chamam de Eva Mitocondrial, nossa ancestral matrilinear comum. Ela viveu há aproximadamente duzentos mil anos, portanto, dependendo de como você estime a duração de uma geração, estamos separados dela de cinco a dez mil gerações apenas. Em outras palavras, somos todos primos, no máximo, em décimo milésimo grau. E sim, a Eva Mitocondrial viveu na África, portanto de um modo muito concreto somos todos africanos, o que – dada a propaganda racista que vem sendo feita há tanto tempo, em tantas partes do mundo – é um tanto irônico, não acha?[11]

Quando me sinto particularmente afrontado, ferido ou irritado, ajuda relembrar nossa humanidade comum. Para Kia, ajudou saber que o terrorista que assassinou seu marido e sua filha também tinha uma mãe que chorou sua morte. Também ajuda lembrar que estamos inseridos em um contexto que muitas vezes determina, ou pelo menos influencia fortemente, nossos atos e escolhas. Isso não os perdoa; simplesmente ajuda a explicá-los. Para mim, ajudou saber que, no Karoo, quando paramos para comprar sorvete, o rapaz no mercado estava simplesmente recitando o roteiro do ódio e da intolerância que o fizeram memorizar. Para Lynn e Dan Wagner, que perderam as filhas num acidente de carro, ajudou saber que a mulher por trás do volante do outro carro era uma mãe que amava os dois filhos. Ao observar as muitas maneiras como nos assemelhamos e como nossas vidas estão inextricavelmente entrelaçadas, podemos encontrar a empatia e a compaixão. E ao encontrar a empatia e a compaixão, podemos seguir na direção do perdão.

Somos, cada um de nós, muito imperfeitos, muitos frágeis. Sei que, se tivesse nascido membro da classe dominante branca durante o passado da África do Sul, poderia facilmente ter tratado alguém com o mesmo desdém com que fui tratado. Sei que, sob as mesmas pressões e circunstâncias, sou capaz dos mesmos atos monstruosos que qualquer ser humano neste planeta dolorosamente belo. E é esse conhecimento de minha própria fragilidade que me ajuda a encontrar a compaixão, a empatia, a semelhança e o perdão pela fragilidade e a crueldade alheias. Já vimos que, para perdoar, é importante aceitar os fatos ocorridos e os sentimentos que experimentamos em relação a eles. Aceitamos nossa própria vulnerabilidade e fragilidade humanas. Agora, devemos aceitar a vulnerabilidade e a fragilidade daquele que nos feriu.

O Verdadeiro Perdão

São palavras tão simples – *eu te perdoo* – e, no entanto, tão difíceis de dizer, e ainda mais de sentir. Talvez você acredite que já

136 | O LIVRO DO PERDÃO

aceitou o que aconteceu e perdoou a pessoa que o feriu. Isso é maravilhoso. Para ser justo, devo advertir que muitas pessoas, algumas até extremamente espiritualizadas, tentam passar por cima do sofrimento, em busca de paz interior, ou para fazer o que acreditam ser certo. As palavras de perdão são ditas, mas a realidade do perdão não criou raízes nos seus corações e nas suas vidas. "Meu bem, sinto muito. Você me perdoa?", pergunta a esposa, sem graça, ao chegar tarde do trabalho e encontrar o jantar já frio na mesa. "Perdoo", diz o marido, de má vontade, vendo que passar horas preparando tudo com tanto carinho foi perda de tempo. Sem se permitir trilhar o Ciclo do Perdão, o casal estabelece uma fachada de paz que é mais propriamente uma trégua forçada do que um perdão autêntico. Esse é um pequeno exemplo, mas pode ser ainda mais o caso quando enfrentamos as feridas maiores que a vida pode nos infligir. Examine profundamente o seu coração e certifique-se de que, ao dizer "eu te perdoo", já tenha realmente enfrentado o passado. Se fizer isso, seu futuro será verdadeiramente livre.

Como saber, ao conceder o perdão, que ele é realmente sincero? Como saber quando o verdadeiro perdão criou raízes em nossos corações e mentes? Gostaria de ter uma resposta unívoca para isso. Alguns experimentam a sensação de que um grande peso lhes foi tirado das costas. Outros, uma imensa sensação de paz. Muitas vezes a pessoa simplesmente sabe que perdoou porque deseja o bem do outro, ou, mesmo que não possa lhe desejar o bem, pelo menos não deseja mais o seu mal. Como dissemos, há liberdade no perdão, e quando você vivencia essa nova liberdade, tem consciência de que realmente perdoou.

Ben Bosinger sentia-se como se já tivesse ouvido um milhão de vezes que devia perdoar o pai. Ouvira isso de amigos e terapeutas, parentes e sacerdotes. Ouvira um milhão de "deveria" sobre o perdão, mas não sabia o que realmente significa perdoar. Não sabia como se perdoa de fato uma pessoa, que sensação se experimenta. Tentava dizer a palavra em voz alta, mas não parecia se originar de um sentimento sincero. Acreditou, por mais de trinta anos, que jamais seria realmente capaz de perdoar:

Durante os primeiros onze anos de minha vida, só consigo me lembrar de sentir medo. Não como o medo de cair, de me machucar, ou o medo que se sente quando se está em apuros. Era um medo de vida ou morte. Terror puro, a cada momento. Eu temia por minha vida, pelas vidas de meus irmãos e irmã, e pela vida de minha mãe. Meu pai foi o ser humano mais feroz e violento que já conheci. Ele não se limitava a bater em mim. Ele me surrava. Me humilhava. Me torturava. E fazia o mesmo com meus sete irmãos, chegando a trancar um deles no carro por dias a fio como castigo. Ainda me lembro de uma ocasião em que meu irmão caçula só tinha quatro ou cinco anos. Estava brincando com seus cubos de montar quando meu pai o levantou pelos cabelos, assim mesmo, pelo couro cabeludo. Alguma coisa nos cubos irritou meu pai de um jeito que ele levantou meu irmãozinho pelo couro cabeludo e o sacudiu. Ainda me lembro dos seus gritos. Fiquei apavorado por ver meu irmão pendurado no ar, sentindo tanta dor, enquanto pensava que o topo da sua cabeça ia se descolar. Também me lembro de morrer de vergonha pelo alívio que senti por não ter sido comigo. Odiei tanto meu pai naquele momento que tive vontade de matá-lo. Eu o odiei por nos odiar tanto.

Não havia onde me esconder ou mesmo para onde fugir. Não havia segurança. Quando a polícia apareceu, chamada por algum vizinho ou funcionário da escola, não

138 | O LIVRO DO PERDÃO

fez nada, absolutamente nada. Ninguém conseguia fazer com que ele parasse, e a sensação que eu tinha era de que ninguém se importava o bastante para tentar. Não sei por que minha mãe demorou vinte e cinco anos para finalmente se separar e nos levar embora. Não sei por que ninguém me protegeu. Nem a polícia, nem os professores, nem os vizinhos. Jurei que algum dia eu o faria pagar por tudo isso. À medida que crescia, fui me tornando feroz e violento. E meus irmãos também. Como poderíamos não ser? Foi a base de nossa criação, o alimento que nos deram. Quando você tem que aguentar um homem adulto dando violentos socos no seu rosto todos os dias só porque pode, um homem que deveria amar e proteger você, como é possível perdoá-lo? Eu não sabia nem por que tinha nascido. À medida que crescia, concluí que a lógica da vida era bater nos outros antes que batessem em mim. Eu tinha me transformado no meu próprio pai, e não podia perdoá-lo por isso também.

Essa revolta que eu carregava aonde fosse, essa falta de confiança nas pessoas afetaram todos os relacionamentos que tive. Por fim, transformei a revolta em autodestruição. Meu pai já não estava lá para me bater todos os dias, então eu mesmo batia em mim. Sabia que eu não tinha valor, e então me refugiei nas drogas e na bebida, puxava brigas, descarregava em qualquer um que se atrevesse a demonstrar amor ou amizade por mim. Depois de dez anos, parei de beber e de me drogar, mas ainda me sentia revoltado, amargurado, e descontava nas pessoas que amava. Muitas delas me disseram para perdoar meu pai, mas eu não via de que modo isso fosse me fazer feliz. Sentia que se o perdoasse seria mais uma pessoa a passar a mão na sua cabeça. O único modo de fazer com que ele pagasse pelo que fizera comigo era privá-lo do meu amor. Assim que me tornei pai de uma filha, senti ainda mais ódio dele por não ser o pai de que eu precisara, culpando-o por minhas próprias falhas como marido e pai. Como eu poderia perdoá-lo? Ele tinha destruído a minha infância, e agora era responsável por destruir a infância de minha filha. Todos os problemas que eu já tivera na vida haviam sido por culpa dele. Eu me ressentia dele e de mim mesmo. E ainda assim, todo mundo ao meu redor – pessoas em quem eu tinha aprendido a confiar e com cuja orientação aprendera a contar – me dizia que o único modo de eu acabar com a minha infelicidade seria perdoando meu pai.

Ele nunca se desculpou pelo que fez comigo e com meus irmãos. Nunca explicou por que era tão revoltado e violento. Não entendo como podia ser capaz de surrar e torturar os próprios filhos, seu próprio sangue, e ainda extrair tanto prazer disso. Eu costumava pensar que ele não era humano. Fingia que não existia. Por fim, acabei me dando conta de que o levava comigo aonde fosse, para cada relacionamento íntimo, e até mesmo para meu desempenho como pai. Acho que foi isso, mais do que qualquer outra coisa, que me fez pegar minha moto uma tarde e ir até a casa dele. Eu já estava farto de me sentir farto. A dor de carregá-lo comigo o tempo todo finalmente sobrepujou a das surras que eu levara em pequeno. Alguma coisa tinha que mudar.

Foi essa força maior do que eu que me levou a perdoá-lo. Um dia, fui até sua casa, ele saiu e ficamos conversando sobre motocicletas. Nós dois adoramos motos. E, naquele instante, enquanto nos curvávamos, olhando para aquele motor sujo de graxa, lado a lado, eu o perdoei. Olhei para seus longos cabelos grisalhos, seu rosto enrugado, sua óbvia fragilidade, fruto da vida desregrada que levara e da velhice. Ele era humano. Era muito imperfeito. Adorava motocicletas como eu, e em algum momento, enquanto fazia essas reflexões, simplesmente o perdoei. E foi como se uma pedra gigantesca saísse de cima do meu peito e eu pudesse finalmente respirar de novo. Ele não pediu que eu o

140 | O LIVRO DO PERDÃO

perdoasse. Não demonstrava lamentar o que acontecera, ou qualquer forma de remorso. Mesmo assim, eu o perdoei.

Esse não foi o final da história. Anos depois, quando tornei a vê-lo, ele me fez uma crítica cruel, e por um momento me perguntei se o meu perdão tinha perdido a força. Em vez disso, entendi que eu alimentara a expectativa de que meu perdão iria transformá-lo, como que num passe de mágica, num bom homem, um homem diferente, um homem melhor. E com essa expectativa eu estava me pondo novamente no papel de sua vítima. A mágica não surtiu efeito sobre ele. Surtiu efeito sobre mim. Eu me senti mais leve. O mundo parecia um lugar mais cheio de esperança. Aprendi a não levar as coisas para o terreno pessoal, e que eu era o único responsável pelo tipo de pai que seria para meus filhos. Perdi décadas de minha vida revivendo o papel de vítima que suportara em criança. Quando perdoei meu pai, tudo se dissolveu. Eu estava livre. O perdão não o salvou, ou desculpou seus atos. Foi a mim que ele salvou.

Contar uma Nova História

A história de Ben mostra como ele passou de vítima a herói. Não mais amargurado, ele agora é enobrecido por sua experiência de perdoar o agressor. Ainda mais importante, ele está finalmente livre da violência, livre para contar uma nova história de paternidade dentro da sua família. Ben não está mais acorrentado à violência extrema que sofreu em pequeno e, ao romper essas correntes, ele agora conta uma nova história do que significa ser pai. É uma história em que seu papel não é mais o da vítima, embora seu pai certamente tenha vitimado a ele e seus irmãos. É uma história em que agora ele é um herói, e pode ser um herói para sua filha.

Ao escrever este livro, consultamos vários dos maiores especialistas em perdão no mundo inteiro, homens e mulheres que dedicaram suas vidas a ajudar as pessoas a se curarem e a estudar o processo do perdão. Cada um deles afirmou o quanto é importante poder contar uma nova história e como essa capacidade é um sinal de superação e cura.

O que exatamente significa contar uma nova história? Não resta dúvida de que a sua história pode mudar de inúmeras formas. Vimos isso na história de Ben e em muitas outras. Sua história deixa de ser apenas sobre os fatos ocorridos, ou sobre a dor e o dano que você sofreu, e passa a reconhecer a história de quem os causou, por mais desastrada que essa pessoa pudesse ser; passa a reconhecer nossa humanidade comum, mesmo em pequenas coisas, como um interesse por motocicletas. Ben foi capaz de ver a humanidade do pai em seus cabelos grisalhos e rosto enrugado. Essa percepção da humanidade comum lhe permitiu contar uma nova história.

Na nova história de Ben, ele não era mais a vítima, e sim o vencedor. É importante deixar claro: Ben foi vitimado, de muitas formas, pela violência do pai. Dizer que ele foi um herói não anula sua dor ou sofrimento ou, que Deus nos livre, o culpa por eles de qualquer modo. As pessoas são vítimas de todos os tipos de atrocidades. Não estamos tentando negar essa realidade. O que é incrível, quando ouvimos tantas contarem suas histórias, é como são capazes de recontá-las com tamanha coragem e compaixão. São capazes de explicar o que lhes aconteceu de um modo que revela o quanto isso as enobreceu, em vez de amargurá-las.

A garantia na vida é de que sofreremos. O que não é garantido é como reagiremos, se permitiremos que esse sofrimento nos amargure ou enobreça. Essa é a nossa escolha. Como permitir que o sofrimento nos enobreça? Extraindo um significado dele e

142 | O LIVRO DO PERDÃO

permitindo que tenha peso. Usando nossas experiências como muitas das pessoas no livro usaram as suas: para nos transformarmos em pessoas mais ricas, mais profundas, mais empáticas. Podemos, como aqueles que você conheceu neste livro, trabalhar para impedir que um mal semelhante aconteça aos outros. Só você pode decidir como contar uma nova história. Você é o autor da sua vida, e só você pode escrever seu próprio livro do perdão.

Nossa História

A história de Mpho começou com um ato horrendo, que deixou meus parentes mais próximos profundamente abalados. Mpho continua a trilhar o Quádruplo Caminho e revela seus desafios para perdoar o homem que foi acusado do assassinato de Angela:

Os sentimentos não passam ao se dar vazão a eles. É muito importante que se compreenda isso. O Quádruplo Caminho não é um caminho onde você se desvia de uma peça e pisa totalmente na outra. Acho que se pode dizer que eu fiquei entre os estágios de dar vazão à mágoa e perdoar. Foi um verdadeiro alívio dizer que eu estava revoltada pela perda de uma vida, pela crueldade gratuita, pela violação, e me sinto culpada ao pensar que se tivesse voltado para casa duas horas mais cedo, ou talvez se tivesse percebido algum sinal de que havia algo errado, teria impedido que isso acontecesse. Eu me sinto culpada por Angela ter sido assassinada enquanto vivia na minha casa e cuidava das minhas filhas, mas que dizer da sua casa e dos seus filhos? Principalmente, eu me sinto extremamente triste pelo fato de essa pessoa ter desaparecido de nossas vidas, e das vidas de sua família. Eu me sinto extremamente triste pelo fato de Angela ter morrido de forma tão brutal e cruel. E me sinto triste por não ter podido lhe dar uma despedida decente, e pelo fato de isso ter acontecido em minha casa.

Mas enquanto descobria a textura e a qualidade de minhas mágoas, enquanto separava os fios do que estava sentindo e lhes dava a atenção de que precisavam, também percebi que me sentia triste pela pessoa que a matou. Desde o começo, seja por que motivo for, imaginei que o assassino fosse um homem, e pensei que ele teria de carregar essa morte pelo resto da vida. Pode imaginar alguém matando outra pessoa tão brutalmente sem que isso afete sua psique? Quando você faz mal a alguém, também faz mal a si mesmo. A humanidade dele sofreu com esse ato desumano.

Posso lhe dizer que esses sentimentos de tristeza e empatia pelo assassino me deixaram um tanto chocada, mas acredito que foram minha via de acesso pessoal para o perdão. Não conhecia sua história inteira, mas sabia que devia haver uma. No entanto, só depois que participei de todos os rituais de luto e contei com aqueles que podiam aceitar minha revolta e meu medo, e depois que me conectei com minha própria comunidade e todos os que se reuniram para vivenciar essa perda comigo, fui capaz de considerar a história dele e de considerar o perdão. Há um poder incrível no ritual, e você vê isso quando as pessoas aparecem com flores e velas quando há mortes em massa e perdas trágicas. É isso que fazemos, e é altamente terapêutico. Precisamos de rituais para todos os traumas e perdas, quer se trate de traição, infidelidade, violência ou assassinato. O ritual nos ajuda a superar o que aconteceu, e o ritual me ajudou a superar a perda e a ficar pronta para considerar a pessoa que havia assassinado Angela, sua história, sua dor. Em última análise, eu sabia que tinha de encontrar uma maneira de reescrever a história de nossa conexão para que minha família não permanecesse presa ao crime que essa pessoa cometeu.

O homem que, no momento em que escrevo estas linhas, é acusado do assassinato de Angela, é alguém que conheci, alguém ligado à

144 | O LIVRO DO PERDÃO

minha família e a Angela de muitas maneiras. Ele era o nosso jardineiro. Tinha apenas vinte e dois anos quando supostamente cometeu o assassinato. Você pode sequer imaginar o que leva um jovem a cometer um ato tão brutal? Curiosamente, ele faz anos no mesmo dia que Angela. O aniversário dos dois caíra num domingo, e na segunda ele viera à nossa casa para participar do nosso ritual de aniversário e comer bolo no café da manhã. Isso foi em dezembro, poucos meses antes de voltar a nossa casa para cometer o crime, segundo a polícia. A mãe dele trabalhara para a minha, e essa fora a conexão que me levara a contratá-lo para cuidar do nosso jardim. No começo havia muita coisa para ele fazer, de modo que trabalhava para nós três dias por semana, mas depois chegou um ponto em que não precisei mais dele tanto assim — apenas um dia por semana seria o suficiente —, mas quis mantê-lo trabalhando, para ajudá-lo, por isso lhe pagava pelos dois dias extras. Ele também fazia um ou outro conserto na casa.

Duas semanas antes de Angela ser morta, ele desapareceu, parou de vir trabalhar. Antes disso, instalara um trilho de cortinas no meu quarto e perguntara a Angela o que era o objeto embrulhado dentro da cômoda. Ela respondeu que era um computador, pois pelo modo como estava embrulhado não havia jeito de saber o que era ou se era valioso. O computador acabou sendo o único objeto faltando em nossa casa quando Angela foi morta. Isso me fez pensar na sequência de acontecimentos. E se eu jamais tivesse pedido a ele para instalar o trilho das cortinas? E se a porta da cômoda estivesse fechada? Será que Angela ainda estaria viva?

A irmã dele também era muito amiga de Nyaniso. Tenho uma foto das duas na porta da geladeira há anos. A família dele era ligada à minha. Através de minha mãe. De minha filha. Foi por isso que o contratei. Mas cada vez mais ele faltava ao trabalho. Agora nossas famílias estão ligadas de um modo diferente, e eu lamento por elas, lamento pela dor e a perda de sua mãe.

Ninguém quer isso. Não pode haver lados quando você se encontra em meio a uma ruína.

Devo dizer que ele não confessou. Não admitiu o crime. Não foi condenado. Ninguém sabe ainda quem assassinou Angela, mas, quem quer que tenha sido, roubou nosso lar e construiu um outro lugar em que reina o medo, onde tivemos de viver. Se tiver sido de fato o jardineiro, conheço um pouco da sua história. Como existem vários pontos onde nossas vidas se entrecruzam, posso reconhecer nossa humanidade comum. Posso sentir tristeza pelas escolhas que ele fez na vida. Posso encontrar o caminho para a compreensão. Lamento pela sua família. Mesmo quando ninguém tinha sido acusado pelo assassinato de Angela, eu já sentia essa tristeza por quem quer que houvesse cometido esse ato terrível. Sinto tristeza por qualquer um que cometa um ato de violência tão brutal, e tristeza pelo nosso mundo em geral. E, para ser realmente honesta, sei que não há tanto assim nos separando quanto eu gostaria de pensar.

A maior parte do tempo, eu me sinto como se tivesse perdoado o assassino. Não desejo que essa pessoa seja castigada. Sinto-me profundamente triste por ele e por todos nós. Já aceitei os fatos ocorridos e o efeito dominó do trauma. Há momentos, no entanto, em que o trauma da morte de Angela volta a aflorar em nossa família, e eu sinto toda a revolta, todo o ódio e toda a tristeza agudamente, mas isso não significa que eu não perdoe. Tive que compreender que perdoo não pelo perpetrador, mas para que minhas filhas superem, para que eu supere, e para que todos nós possamos seguir com nossas vidas sem que o medo e o ódio sejam os elementos que as definem. A história do assassinato de Angela e do seu assassino sempre será uma parte da nossa história, uma parte da infância de minhas filhas, mas eu o perdoo, para que ela não seja a principal trama de nossa história de vida, e para que possamos continuar a escrever nossas histórias, histórias melhores, histórias mais felizes.

146 | O LIVRO DO PERDÃO

Crescer Através do Perdão

Quando estou ferido, quando estou sofrendo, quando estou furioso com alguém pelo que fez comigo, sei que o único modo de dar fim a esses sentimentos é aceitá-los. Sei que o único modo de sair deles é atravessá-los. Criamos todos os tipos de problemas quando tentamos encontrar uma maneira de nos esquivar desse processo natural. O crescimento se dá através dos obstáculos, e apenas graças à resistência. Uma árvore deve fazer força contra a dura resistência da terra para poder crescer. Os músculos crescem quando aplicamos uma força de resistência contra eles, mas primeiro se separam e se rompem, apenas para se tornarem ainda mais fortes ao se reconstruírem. Uma borboleta luta contra o casulo que a envolve, e é exatamente essa luta que a torna resiliente o bastante para sobreviver quando se liberta. É por isso que você e eu precisamos abrir caminho pela revolta, pela dor e pela tristeza, empurrando o sofrimento em nosso caminho para o perdão. Quando não perdoamos, há uma parte de nós que não cresce como deveria. Como a borboleta, devemos nos tornar mais fortes e resilientes para nos transformarmos. Não podemos permanecer congelados como crisálidas.

Seria compreensível se o Dalai Lama, depois de mais de cinquenta anos no exílio, fosse um homem amargurado e cheio de ódio pelo povo responsável por seu exílio, mas em vez disso ele escolheu perdoar, e é uma das pessoas mais alegres e compassivas que já conheci. Admiramos pessoas assim, pessoas que crescem através do perdão. Sua compaixão é tanto mais notável em função das forças adversas por ele enfrentadas, que poderiam ter provocado seu ódio e ressentimento. Todos nós podemos nos esforçar para ser assim. Mas não é algo que adquiramos fácil ou barato. Devemos escolher o perdão repetidas vezes, e cultivá-lo como uma qualidade de caráter.

Às vezes somos capazes de perdoar depressa, outras vezes levamos mais tempo. Se você sente que ainda resiste à ideia de perdoar, é compreensível. Muitas pessoas carregam rancores e ressentimentos por anos, acreditando que isso de algum modo afetará a outra pessoa. Na verdade, só afeta a quem carrega o rancor e o ressentimento. Muitos de nós vivemos nossas vidas acreditando que odiar a pessoa que nos fez mal irá de algum modo acabar com o sofrimento, que destruir os outros irá remediar nossas feridas dolorosas. Mas isso não acontece. Muitos buscam esse caminho, e é apenas depois da destruição, quando se encontram em meio aos escombros do ódio, que se dão conta de que a dor ainda está lá. A perda ainda está lá. Perdoar é a única coisa que pode transformar as feridas dolorosas e a intensa dor da perda. No próximo capítulo, chegaremos ao passo final do Quádruplo Caminho, renovar ou abrir mão do relacionamento com aquele que nos feriu.

Mas antes, paremos para ouvir o que o coração ouve.

Posso desenhar você como uma cifra,
Tão diferente de mim.
Posso tornar você menos do que humano.
Posso apagar sua história,
E então não terei qualquer trabalho a fazer
E nada a perdoar.
Mas há uma pilha de dor à minha espera,
E não posso dar cabo dela sem enfrentar a sua história.
Há uma pilha de dor à minha espera,
E para dar cabo dela
Preciso admitir nossa humanidade comum.

Resumo
Conceder o Perdão

- O perdão é uma escolha.
- Crescemos através do perdão.
- Perdoar é o modo de se passar do papel de vítima ao de herói em nossa história.
- Sabemos que estamos superando quando somos capazes de contar uma nova história.

Meditação

Compaixão

1. Feche os olhos. Imagine um sentimento que o faça se sentir bem. Pode ser amor, bondade, compaixão ou gratidão por todos esses sentimentos.
2. Permita que o sentimento, ou combinação de sentimentos, se irradie de dentro de você. É essa a sensação de estar livre do medo, da revolta, do ódio e do ressentimento. Esse estado de paz está sempre dentro de você e lhe pertence. Você pode alcançá-lo sempre que desejar. É seu, e ninguém pode tirá-lo de você.
3. Agora imagine a pessoa, ou as pessoas, que está tentando perdoar. Imagine que você é sua mãe, e cada uma apenas um bebezinho nos seus braços, antes de lhe ter feito mal, antes de ter feito mal a qualquer pessoa. Observe sua bondade e humanidade.
4. Você pode abençoá-las e lhes desejar bem? Pode lhes enviar compaixão e carinho? Pode libertá-las?

Ritual com a Pedra

Lavar a Pedra

1. Pegue sua pedra, que o acompanhou durante a jornada ao longo do caminho. Você já falou com ela, já a segurou com força, e agora irá lavá-la.
2. Pegue uma bacia com água ou vá até algum curso de água. Mergulhe a pedra na água três vezes. Cada vez que o fizer, diga "eu te perdoo".

Talvez o leitor também deseje realizar o seguinte ritual adicional como parte de sua cura ao longo do Quádruplo Caminho:

Areia e Pedra

1. Você precisará de um lugar com areia, onde haja pedras disponíveis.
2. O que você deseja perdoar? Com o dedo ou um graveto, escreva o mal sofrido na areia.
3. Pense em três atributos que você valoriza ou aprecia na pessoa que deseja perdoar. Com um pilô ou lápis, escreva-os na pedra.
4. O que foi escrito na areia em breve irá embora. O que está escrito na pedra irá perdurar.

Exercício para o Diário

1. Comece escrevendo uma história da pessoa que lhe fez mal. O que você sabe sobre ela? Se não a conhece, o que pode descobrir a seu respeito? O que vocês têm em comum? De que modo são parecidos?
2. O que você já perdeu por não ser capaz de perdoar? Essa incapacidade de perdoar já o afetou e àqueles que você ama?
3. Agora escreva sobre como essa experiência o tornou mais forte. Como ajudou você a crescer e a sentir empatia pelos outros? De que modo o enobreceu?
4. Finalmente, escreva sua história de novo, mas desta vez não no papel de vítima e sim no de herói. Como você lidou com a situação, de que modo cresceu, e como impedirá que esse mal venha a acontecer com outros?

Capítulo 7

Renovar ou Abrir Mão do Relacionamento

EU ESTAVA LÁ NUM CHAMADO pastoral. Era a terceira vez que visitava esse homem num chamado pastoral.

A primeira vez começara bastante bem. Em março de 1988, P. W. Botha, o homem conhecido como *die Groot Krokodil* (o Grande Crocodilo), era o presidente da África do Sul, e eu o arcebispo anglicano de Cape Town, indo até ele para instar por clemência. Cinco homens e uma mulher estavam a dois dias de enfrentar o nó do carrasco. The Sharpeville Six, como ficaram conhecidos, haviam sido condenados à morte. Eu fora apelar por suas vidas. Botha não fez qualquer promessa, mas me ofereceu uma centelha de esperança. Estava disposto a considerar as circunstâncias atenuantes e poderia sustar a execução. Depois disso, o encontro sofreu uma reviravolta e começou a

154 | O LIVRO DO PERDÃO

degringolar. Botha se irritou com a petição assinada por mim e outros líderes religiosos e começou a me repreender com o dedo em riste que era sua marca registrada. Reagi à altura: "Não sou nenhum garotinho! Não pense que está falando com um garotinho!" O encontro descambou em acusações de ambos os lados, e eu saí furioso do seu escritório. Não foi um dos meus melhores momentos!

Quase uma década depois, mais uma vez eu me encontrava em sua casa. Era meu segundo chamado pastoral e a primeira vez que me encontrava com ele desde o dia em que saíra furioso do seu escritório, tantos anos antes. Ele não era mais o presidente. Agora, nosso chefe de Estado era Nelson Mandela. Eu era o presidente da Comissão da Verdade e da Reconciliação, e viera até ele com uma mensagem do ex-prisioneiro que se tornara nosso líder e inspirador: venha depor diante da comissão. "Mandela sentará ao seu lado quando você depuser", garanti-lhe. Botha, então um octogenário, recusou.

O terceiro e último chamado pastoral ocorreu algumas semanas depois. A esposa de Botha, Eliza, falecera. Fui até ele como marido que também ama a esposa, a fim de dar meu apoio a outro marido em sua dor.

Compartilhamos uma longa história, ele e eu. Ao longo desses muitos anos, nossa relação sofrera sucessivas mudanças. Havíamos sido adversários. Havíamos sido suplicante e concessor. Havíamos sido juiz e acusado. Entre nossos encontros, um Quádruplo Caminho havia se desdobrado. Éramos dois homens que haviam aprendido a renovar seu relacionamento sucessivas vezes. Eu o perdoara pelas ofensas dos anos distantes. Tínhamos um novo relacionamento. Agora, éramos apenas dois sul-africanos.

O perdão não é o fim do Quádruplo Caminho, porque a concessão do perdão não é o fim do processo de superação. Todos nós vivemos em uma delicada teia de comunidade, visível e invisível, e vez após outra os fios que se unem são danificados e precisam ser reparados. Depois que você é capaz de perdoar, o passo final é renovar ou abrir mão do relacionamento que tem com a pessoa que o feriu. Com efeito, mesmo que você nunca mais volte a falar com ela, mesmo que jamais a veja de novo, mesmo que esteja morta, ela continua a viver de outras maneiras que afetam profundamente a sua vida. Para concluir a jornada do perdão e alcançar a integralidade e a paz por que anseia, você deve escolher entre renovar ou abrir mão do relacionamento. Após esse passo final no Quádruplo Caminho, você apaga do quadro tudo que causou uma ruptura no seu passado. Não há mais dívidas. Não há mais rancores inflamados. Somente quando você renova ou abre mão do relacionamento seu futuro pode ser desatrelado do passado.

Renovar ou Abrir Mão

O que significa renovar ou abrir mão de um relacionamento? Você pode achar que não tem um relacionamento com o estranho que o assaltou, com o condenado que assassinou um ente amado ou com o cônjuge que o traiu e de quem você se divorciou há muitos anos, mas um relacionamento é criado e mantido por cada ato prejudicial que une vocês dois. Esse relacionamento, como todos os relacionamentos que requerem o perdão, deve ser renovado ou abandonado. Quando, por exemplo, seu cônjuge diz "Desculpe por gritar com você", você pode perdoá-lo e continuar casado com ele, renovando o relacionamento. Quando um

156 | O LIVRO DO PERDÃO

namorado diz "Desculpe por ter traído sua confiança", você pode perdoar mas preferir não ver mais a pessoa, desse modo abrindo mão do relacionamento.

A decisão de renovar ou abrir mão é uma escolha pessoal que só você pode fazer. Obviamente, é mais fácil optar por renovar um relacionamento quando se trata de um vínculo estreito, como no caso de um cônjuge, genitor, irmão ou amigo íntimo. Com pessoas nesse nível de intimidade, é muito mais difícil abrir mão totalmente do relacionamento, porque os fios da memória e da intimidade que os unem são fortes. É mais fácil abrir mão de um relacionamento com um conhecido, vizinho ou estranho, porque essas pessoas não ocupam um lugar especial no seu coração.

A decisão refletida de abrir mão de um relacionamento é uma escolha válida. Mesmo assim, a renovação ou a reconciliação são sempre preferíveis, com exceção dos casos em que a segurança está em jogo. Quando optamos por abrir mão de um relacionamento, aquela pessoa vai embora com um pedaço do nosso coração e da nossa história. Não é uma escolha para ser feita num impulso, ou no calor do momento.

Renovar nossos relacionamentos é o modo de colhermos os frutos que o perdão plantou. A renovação não é um ato de reconstituição. Não fazemos uma cópia carbono do relacionamento que tínhamos antes da mágoa ou do insulto. Renovar um relacionamento é um ato criativo. Criamos um novo relacionamento. É possível criar um novo relacionamento, a despeito das realidades do velho relacionamento. É até mesmo possível renovar um relacionamento nascido da violência, como foi o caso de Linda Biehl, Easy Nofemela e Ntobeko Peni.

Como mencionamos brevemente no Capítulo 3, Linda Biehl é a mãe de Amy Biehl, uma aluna da Universidade de Stanford que, em 1992, graças a uma bolsa da Comissão Fulbright, decidiu vir para a África do Sul a fim de colaborar com a luta contra o apartheid. Em 25 de agosto de 1993, ela vinha dirigindo pela *township* de Gugulethu, quando seu carro foi parado por um grupo de manifestantes. O grupo acabara de sair de um encontro político para protestar contra o assassinato de um jovem negro pela polícia. A paixão de Amy pela justiça e o motivo pelo qual se encontrava na África do Sul não estavam escritos no seu rosto. Para os que protestavam, Amy era apenas mais uma pessoa branca, mais um símbolo da opressão do apartheid. Eles a arrastaram do carro e a surraram, apedrejaram e apunhalaram até a morte. Amy tinha vinte e seis anos de idade.

Em 1998, os quatro jovens condenados pelo seu assassinato foram anistiados pela CVR. Os pais de Amy, Linda e Peter Biehl, não apenas apoiaram essa decisão, como também criaram a Amy Biehl Foundation Trust, em Cape Town. Trata-se de uma entidade beneficente dedicada a combater a violência e ajudar a comunidade onde Amy foi assassinada. Dois dos rapazes, Easy Nofemela e Ntobeko Peni, agora trabalham para a fundação, que recebeu o nome da mulher que assassinaram. Eles têm um estreito relacionamento com Linda Biehl (Peter Biehl já é falecido), e formaram um vínculo único.

Como algo assim acontece? Como é possível renovar um relacionamento nascido de tanta dor e sofrimento? Embora cada pessoa e circunstância seja diferente, o que parece ser mais verdadeiro em histórias como a da família Biehl é o desejo de extrair um significado do sofrimento e de superar a tragédia. É o que nos torna humanos, essa necessidade de reparar o que está partido, de restaurar relacionamentos e encontrar a compreensão e um propósito maior depois de perder algo ou alguém que nos era caro. Não foi fácil para os Biehl ficar cara a

158 | O LIVRO DO PERDÃO

cara com os homens que assassinaram sua filha. Não foi fácil
para os perpetradores enfrentar a verdade do que haviam feito.
Mas a reconciliação os impulsionou a crescer e a seguir em
frente, para superarem o que acontecera e se unirem em um
propósito comum.

A história deles se transformou através da reconciliação.
Não é uma história sobre o modo como uma mulher foi
violentamente atacada por um grupo de estranhos. Agora é
uma história sobre como os sul-africanos lutam pela democracia, e também uma poderosa e inspiradora história sobre a
beleza e a bondade que emergem do perdão e da reconciliação. Os Biehl precisaram compreender as circunstâncias
da morte da filha, e, ao buscar essa compreensão, também
encontraram uma compreensão mais ampla da política e do
povo envolvidos. Diz Linda: "Não posso me ver como vítima; isso me diminui como pessoa. E Easy e Ntobeko não se
veem como assassinos. Eles não pretendiam matar Amy Biehl.
Mas Easy me disse que uma coisa é aceitar o que aconteceu
como ativista político, e outra totalmente diferente é aceitá-la
no seu coração." (Voltaremos à luta de Easy em sua busca pelo
perdão no próximo capítulo.)

Renovar relacionamentos é o modo como transformamos
nossas maldições em bênçãos e continuamos a crescer através
do perdão. É assim que restituímos o que tomamos e corrigimos o que fizemos de errado. Mesmo que o relacionamento
tenha sido lesivo ou traumático, ainda é um fragmento de
uma história compartilhada. *Ubuntu* diz: "Sou incompleto
sem você", e sempre que possível devemos nos esforçar para
restabelecer relações corretas uns com os outros. Inimigos
podem se tornar amigos, e perpetradores podem recuperar
sua humanidade perdida.

Eu Tive um Papel Nisso

Uma parte muito importante, mas também muito difícil, no processo de se renovar relacionamentos, é aceitar a responsabilidade por nosso papel em qualquer conflito. Se temos um relacionamento que necessita de reparo, devemos nos lembrar de que geralmente o erro não está todo de um só lado, e é possível restaurar as relações com mais facilidade quando analisamos nossa contribuição em um conflito.

Há ocasiões em que realmente não fizemos nada, como quando um estranho nos assalta, mas mesmo assim desempenhamos um papel no fato de permitirmos ou participarmos de uma sociedade onde esse tipo de desespero existe. Não digo isso para inspirar culpa ou fazer acusações, já que nenhuma pessoa isolada cria uma sociedade. Mas cada um de nós desempenha um papel na sociedade criada por todos. Podemos assumir a responsabilidade por nossos papéis de um modo que nos liberte de sermos vítimas e permita que abramos o coração. Sempre estamos no ápice de nossa humanidade quando a compaixão nos permite reconhecer as pressões altamente pessoais e as histórias singulares daqueles que estão do outro lado de nossos conflitos. Isso vale para qualquer conflito, desde uma pequena desavença pessoal até uma disputa internacional.

Ubuntu diz que todos desempenham um papel ao criar a sociedade que cria o perpetrador; portanto, eu tenho um papel não apenas em todos os conflitos em que posso me envolver pessoalmente, mas também em cada conflito que acontece neste exato momento na minha família, na minha comunidade, na minha nação e em cada lugar do mundo. Essa ideia pode parecer excessiva. A dádiva oculta no desafio de *Ubuntu* é que não precisamos percorrer os corredores do poder para construir a

160 | O LIVRO DO PERDÃO

paz. Cada um de nós pode criar um mundo mais pacífico no ponto exato dele em que se encontra.

Pedir Aquilo de que Você Precisa

Como genuinamente renovamos ou abrimos mão de um relacionamento depois de termos sido feridos? Como seguimos em frente e superamos a perda? Para renovar ou abrir mão do relacionamento, devemos encontrar um significado em nossa experiência. É desse modo que continuamos a nos afastar de nossa identidade como vítimas. Se o seu melhor amigo lhe dirige um insulto, talvez você queira um pedido de desculpas e uma explicação antes de renovar o relacionamento. Quando estamos feridos, geralmente precisamos da verdade por trás do ato que nos feriu – a razão por que uma pessoa em quem confiávamos mentiu para nós, ou um cônjuge nos foi infiel, ou um estranho se achou no direito de nos intimidar. Geralmente, é o relato dessa verdade que nos impulsiona a dar o passo final no Quádruplo Caminho.

Também podemos exigir uma reparação ou recompensa pelo que nos foi tomado ou perdido. Se o seu vizinho rouba algo que é seu, você irá querer que ele lhe devolva o item antes de renovar seu relacionamento com ele.

Pergunte a si mesmo do que precisa para renovar ou abrir mão de um relacionamento, e então, se puder, peça o necessário à pessoa que o prejudicou. Sua decisão de renovar ou abrir mão pode muito bem depender da satisfação dessa necessidade. Você pode precisar que a pessoa escute a sua história e fique a par do sofrimento que você experimentou. Além disso, pode precisar saber que o perpetrador sente remorsos antes de renovar o relacionamento, e receber garantias de que não voltará a acontecer. Se a pessoa não se arrepende do que fez, você pode decidir que é melhor abrir mão do relacionamento.

Se não for possível falar diretamente com aquele que o prejudicou e lhe pedir aquilo de que você precisa, peça a outras pessoas. Peça empatia. Peça crédito. Peça compreensão ou espaço para contar sua história, e dê vazão à mágoa até o fim. Quando você pede aquilo de que precisa para superar, você não é mais uma vítima sem qualquer poder sobre o seu destino. E em última análise, quer você consiga totalmente aquilo de que precisa, quer apenas parcialmente, isso não determina a possibilidade de renovar o relacionamento. Eu não pude pedir a meu pai a explicação e o pedido de desculpas que queria antes de ele morrer, mas isso não significa que abri mão do relacionamento com ele. Eu o renovei no meu coração, o que, às vezes, é tudo que está ao nosso alcance, mas faz toda a diferença.

Um Pedido Incomum

Quando Dan e Lynn Wagner receberam uma carta do oficial da condicional informando que Lisa – a mulher que causara a morte de suas duas filhas num acidente de carro – iria sair da prisão, eles souberam que para continuar seu processo de superação teriam que marcar um encontro com ela nos seus próprios termos. Dan conta que o plano era abrir mão do relacionamento e encerrar o último capítulo da sua história:

> Telefonamos para o oficial da condicional e lhe perguntamos se poderíamos marcar um encontro com Lisa. Explicamos que não tínhamos ido ao seu julgamento porque ela se declarara

162 | O LIVRO DO PERDÃO

culpada, e portanto nunca chegamos a conhecê-la. O oficial disse que era um pedido incomum, e que um encontro conosco violaria os termos da condicional de Lisa. Seus superiores, no entanto, aprovaram o pedido, e marcamos uma data.

Não discutimos o que iríamos dizer a ela. Queríamos apenas acabar logo com esse encontro e fechar aquela última porta. Soubemos desde o momento em que ela fora condenada que um dia a conheceríamos, e queríamos que o primeiro encontro acontecesse em um ambiente controlado como esse, não na fila do caixa de um supermercado.

Quando entramos na sala e pusemos os olhos em Lisa pela primeira vez, nós a abraçamos. Não sei por que, mas de repente me pareceu que todos tínhamos estado nessa guerra juntos. Quando a abracei, comecei a chorar e não conseguia parar, nem soltá-la. Naquele abraço e no meu coração, senti um grande alívio. Depois de sete anos, eu finalmente conhecia a mulher que havia causado a morte de minhas filhas. Mas não sentia revolta, ou ódio – apenas alívio. Por isso, chorei.

Por fim, sentamos ao redor de uma mesa. Lisa falou sobre seu processo de recuperação de doze passos e que o nono, Compensar o Outro, seria para ela uma "compensação viva". Lynn lhe pediu que esclarecesse o que quisera dizer. Lisa respondeu que queria compartilhar a experiência na esperança de que pudesse impedir que outras pessoas tirassem uma vida como ela tirara as de Mandie e Carrie.

Agradecemos a ela por se declarar culpada e nos manter de fora do julgamento. Ela reiterou várias vezes: "Eu fui culpada." Então o oficial da condicional disse que jamais vira algo parecido, e que talvez estivéssemos todos servindo a um Deus de reconciliação.

Entramos naquele prédio com medo, achando que iríamos finalmente encontrar um desfecho. Mas o que encontramos foi um novo começo. Desde então, Lynn e Lisa já foram convidadas a falar juntas, e vão a presídios, igrejas e universidades para compartilhar a nossa história. É curioso como agora se tornou a nossa história. E a nossa história já tocou muitas vidas. É sobre uma tragédia, sim, mas também sobre o perdão e uma frase que alguém me disse nos primeiros dias depois do acidente: *Deus não desperdiça a dor de Seus filhos.*

O que É Abrir Mão?

Há ocasiões em que renovar o relacionamento não é possível. Isso poderia lhe causar um mal ainda maior, ou você não conhece a pessoa que o causou, ou ela morreu e não é alguém que você carregue no coração. Todas essas são situações em que a única escolha é abrir mão do relacionamento, e isso também é essencial para que se conclua a jornada de superação.

Abrir mão de um relacionamento é o modo de se libertar do papel de vítima e do trauma. Você pode preferir não ter mais alguém na sua vida, mas só abre mão do relacionamento quando realmente escolhe aquele caminho sem desejar mal à pessoa. Abrir mão é se recusar a permitir que uma experiência ou pessoa continue ocupando espaço na sua cabeça ou no seu coração. É abrir mão não apenas do relacionamento, mas também da velha história do relacionamento.

O que É Renovar?

Renovar um relacionamento não é reconstituir um relacionamento. Não voltamos ao ponto em que estávamos antes de o

164 | O LIVRO DO PERDÃO

mal ter acontecido e fingimos que jamais aconteceu. Criamos um novo relacionamento a partir do sofrimento, muitas vezes fortalecendo o relacionamento em função do que vivenciamos juntos. Relacionamentos renovados geralmente são mais profundos porque enfrentamos a verdade, reconhecemos nossa humanidade comum, e agora podemos contar uma nova história sobre o relacionamento transformado.

Ainda Não Cheguei Lá

Como acontece com todos os passos do Quádruplo Caminho, às vezes você avança depressa em uma fase e mais devagar em outra. Às vezes você fica em duas fases ao mesmo tempo ou apenas precisa de mais tempo antes de poder avançar no processo. Se ainda não se sente pronto para renovar ou abrir mão do relacionamento com a pessoa que o feriu, não há problemas. Se ainda não sabe o que precisa pedir a essa pessoa para poder superar o trauma, também não há problemas. Não completamos esse último passo – ou qualquer passo do Quádruplo Caminho – com a cabeça, e sim com o coração. E pode levar algum tempo até sabermos o que está mesmo no nosso coração.

Mpho ainda não sabe se deseja renovar ou abrir mão do relacionamento com o homem acusado do assassinato de Angela. Como eu, ela sempre dá preferência à renovação, mas muitas vezes é difícil:

Ainda sinto uma tristeza enorme. Todos sentimos. Se quero renovar o relacionamento? Se quero abrir mão dele? Não sei. A verdade é que ainda não cheguei a esse ponto.

Eu o perdoei. Ele é um ser humano como eu e também tem uma história. Que, agora, é a nossa história. E a história de Angela. E a história da família dela. Há muitas histórias individuais, mas temos essa história específica em comum. Essa é a maior diferença que observei no processo do perdão. Deixa de ser "minha história" para ser "nossa história". Não é mais sobre a minha dor, mas sobre a nossa dor. Isso proporciona um certo conforto, um certo alívio.

Racionalmente, eu já o perdoei, e sei disso porque não tenho qualquer vontade de revidar, nem lhe desejo mal. Ele não me deve nada. Emocionalmente, ainda não cheguei lá, porque ainda dói, e eu sei que ainda preciso trabalhar no processo de superação.

Se ele tiver mesmo assassinado Angela, ajudaria as coisas a andarem mais depressa se eu pudesse saber por que ele fez isso. Quero saber o que ele estava pensando e por que não podia ter pedido ajuda para o que quer que estivesse atravessando. Fosse o que fosse, por que ele não me procurou? Por que Angela teve que pagar esse preço? Como a vida dela podia valer tão pouco para ele?

Acho que eu também precisaria saber que o que ele fez importa para ele. Precisaria saber que sua consciência pesa com o fato de ter tirado uma vida. Precisaria saber se sua alma dói e se ele sofre com o que foi acusado de ter feito. Não vai mudar nada, mas me ajudaria a compreender. Gostaria de compreendê-lo para poder saber o que precisamos fazer de diferente, para que ninguém chegue a um ponto de desespero tal que um objeto se torne mais importante do que uma vida.

Não posso falar com ele porque a lei não permite, mas, se pudesse, diria que não tenho palavras para expressar o quanto me sinto triste. Diria: "Olhe só o que nos aconteceu."

Ao ouvir as palavras de Mpho sobre sua jornada de perdão, sou relembrado de que tudo que acontece comigo também acontece

166 | O LIVRO DO PERDÃO

conosco. Todos nós estamos em um relacionamento com os outros, e quando esse relacionamento se rompe, temos a responsabilidade de arregaçar as mangas e pôr mãos à obra para repará-lo. O perdão é um instrumento maravilhoso para se reparar o que foi rompido. Renove seus relacionamentos quando puder e abra mão deles quando não puder. Quando praticamos esse último passo do Quádruplo Caminho, impedimos que a revolta, o ressentimento, o ódio e o desespero fiquem com a última palavra.

Todos somos feridos, e todos ferimos. Se você está precisando do perdão, o Quádruplo Caminho também é para você. No próximo capítulo, mostraremos como ele se aplica àquelas ocasiões em que precisamos ser perdoados.

Mas antes, paremos para ouvir o que o coração ouve.

Não podemos recomeçar,
Nem criar um novo começo como se o passado não existisse,
Mas podemos plantar algo novo
Na terra queimada.
Com o tempo, colheremos a nova história de quem somos
E construiremos um relacionamento temperado pelo fogo dessa história.
Você é alguém que me feriu,
Eu sou alguém que poderia tê-lo ferido,
E conhecendo essas verdades, decidimos fazer algo novo.
O perdão é minhas costas curvadas para desfazer o nó cego
de mágoa e recriminação
E abrir um espaço, um campo propício para o plantio.
Quando observo esse terreno, posso convidá-lo
A deitar as sementes de uma nova semeadura,
Ou posso preferir abandoná-lo
E deixar o campo sem cultivo.

Resumo
Renovar ou Abrir Mão do Relacionamento

- Sempre é preferível renová-lo, a menos que sua segurança esteja em risco.
- Peça aquilo de que precisa ao perpetrador para poder renovar ou abrir mão do relacionamento.
- Você pode precisar de um pedido de desculpas, uma explicação, um objeto palpável, ou nunca mais voltar a ver a pessoa.
- Analise seu papel em qualquer conflito.
- Quando renovar um relacionamento, ele fica mais forte em função de tudo por que você passou, mas também é sempre diferente.
- Ao renovar ou abrir mão do relacionamento, você se liberta do papel de vítima e do trauma.

Meditação

Renovar ou Abrir Mão

1. Entre no seu lugar seguro.
2. Convide seu amigo fiel e compreensivo para sentar com você.
3. Permita-se sentir toda a esperança e qualquer ansiedade que cerque seu relacionamento com a pessoa que você perdoou.
4. Descreva suas esperanças e medos para seu companheiro.
5. Seu companheiro não julgará suas esperanças, seus medos ou suas decisões. Ele validará sua sabedoria interior.
6. Quando sentir que já fez suas escolhas, pode deixar esse espaço.

Ritual com a Pedra

Renovar ou Abrir Mão da Pedra

1. Decida se prefere transformar sua pedra em um novo objeto de beleza ou devolvê-la à natureza.
2. Se preferir renovar a pedra, decida de que modo irá pintá-la ou decorá-la. Você também pode preferir transformá-la em algo útil para sua casa ou jardim.
3. Se optar por abrir mão da pedra, pode levá-la de volta para o local onde a encontrou ou para algum outro lugar que seja significativo para você.
4. Nada é desperdiçado. Tudo, até mesmo uma pedra, tem o seu propósito.

Talvez o leitor também deseje realizar o seguinte ritual adicional como parte de seu processo de cura ao longo do Quádruplo Caminho:

Faça Algo Bonito

1. Você precisará de materiais de arte (cola, tinta, papel colorido, pilôs, tecidos).
2. Também precisará de uma sacola.
3. Você realizará este exercício utilizando algum objeto quebrável que considere bonito, como uma xícara, um prato ou um azulejo. (Se não puder usar um objeto quebrável, substitua-o por um recorte de revista, uma foto ou um pedaço de tecido estampado.)

170 | O LIVRO DO PERDÃO

4. Coloque o objeto quebrável dentro da sacola e use a pedra para esmigalhá-lo. (Se usar o recorte, a foto ou o pedaço de tecido, use a pedra para arranhar, rasgar ou esfarrapar o objeto.)
5. Agora use os cacos, tiras ou farrapos e seus materiais de arte para fazer algo bonito.

Exercício para o Diário

1. Foi possível fazer algo bonito com o que você tinha?
2. Qual foi o grau de dificuldade da tarefa?
3. O quanto essa nova criação se assemelha ao objeto destruído?
4. Pode servir à mesma função que o original?
5. O que você aprendeu sobre renovar e abrir mão ao fazer esse exercício?

Parte Três

TODOS PODEM SER PERDOADOS

Capítulo 8

Precisar do Perdão

– SIM, SENHOR. POR AQUI, SENHORA – respondeu o policial a nossas perguntas. Minha esposa, Leah, e eu sabíamos exatamente aonde íamos. Não precisávamos pedir informações a esse jovem policial londrino de rosto liso, tão ansioso por nos ajudar. Mas depois das grosserias e insultos que havíamos aprendido a esperar como nos sendo devidos ao tratar com a polícia de nossa África do Sul nativa, esses encontros com os guardas ingleses eram um prazer sublime. A polícia sul-africana era a linha de frente do estado do apartheid. Seu papel era nos impor cada indignidade do arsenal racista. Portanto, foi um grande choque quando chegamos a Londres e deparamos com policiais tão educados e ansiosos para ajudar.

Nossa temporada na Inglaterra foi, sob muitos aspectos, um paraíso de civilidade e hospitalidade. Foi um oásis em comparação com o clima de preconceito constante, o caos e a violência

174 | O LIVRO DO PERDÃO

que conhecíamos em casa. Durante quatro anos, pudemos comer em qualquer restaurante, entrar em qualquer teatro e andar em qualquer ônibus. Foi uma experiência libertadora, que mudou nossa vida. E então, veio o telefonema.

Leah e eu conversamos sobre o que significaria voltar à África do Sul depois dessa segunda temporada na Inglaterra. Da primeira vez, eu viera como estudante. Agora, já trabalhava havia três anos para o Conselho Mundial de Igrejas do Fundo de Educação Teológica. Nossos filhos, agora mais velhos, teriam que voltar aos internatos próximos à fronteira com a Suazilândia. Eu podia ver o quanto desgostava a Leah a ideia de dividir a família. Podia ver o quanto lhe desgostava a ideia de voltar a ter um status de segunda classe. Mas me sentia atraído por esse novo papel. Eu me tornaria deão de Johanesburgo, o clérigo residente mais antigo da Catedral de Santa Maria, onde fora ordenado. Seria o primeiro negro a ocupar esse cargo. Pressionei-a. Leah sempre apoiou meu ministério. Relutante, ela concordou. Foi uma das ocasiões que mais estressaram nosso casamento.

Já de volta à África do Sul, diante da perversidade do apartheid, não pude me silenciar. E então, as ameaças de morte começaram. Eu via Leah ou uma das crianças desligar lentamente o telefone, com aquele olhar distante de medo, e sabia que fora mais uma daquelas ameaças abjetas. Perguntei a Leah se devia parar de me manifestar. Por incrível que pareça, ela respondeu que se sentiria mais feliz se me visse na Ilha Robben, onde Mandela e muitos outros baluartes da luta antiapartheid estavam presos, a me ver aqui, em silêncio. Isso me incentivou mais do que posso dizer. Mas toda vez que a via ou a um de nossos filhos tremendo de raiva ou de medo depois de atender um desses telefonemas, sabia que meus atos eram a causa de sua dor.

Precisar do Perdão | 175

Fazemos escolhas que afetam os outros mesmo quando não temos a intenção de lhes fazer mal. Muitos anos depois, perguntei a Leah se podia me perdoar pelo impacto que meu trabalho tivera sobre ela e nossa família. Ela sorriu para mim, talvez grata pelo reconhecimento de seu sacrifício. E respondeu: "Já o perdoei há muito tempo."

Do perdão de quem você necessita? O que você fez? Magoou alguém que ama? O sentimento de culpa ou a vergonha o roem por dentro? Causou dor e desespero? Está preso sob os escombros de seus atos, sem qualquer meio visível para sair deles?

A simples verdade é que todos nós cometemos erros, e todos nós precisamos do perdão. Não existe uma varinha de condão que possamos agitar para fazer com que voltemos no tempo, mudemos o que aconteceu e desfaçamos o mal feito, mas podemos fazer tudo ao nosso alcance para corrigir o erro cometido. Podemos nos esforçar para garantir que o mal nunca mais volte a acontecer.

Todos nós precisamos do perdão. Há ocasiões em que fomos levianos, egoístas ou cruéis. Como já dissemos antes, nenhum ato é imperdoável; ninguém está além da redenção. Ainda assim, não é fácil admitir os próprios erros e pedir perdão. "Desculpe" talvez seja a palavra mais difícil de dizer. Podemos inventar todos os tipos de justificativas para desculpar o que fizemos. Quando nos dispomos a baixar nossas defesas e analisar nossos atos honestamente, descobrimos que há uma grande liberdade em pedir perdão e uma grande força em admitir o erro. É o modo como nos libertamos dos erros passados. É o modo como podemos avançar para o futuro, libertos dos erros que cometemos.

176 | O LIVRO DO PERDÃO

Buscar o Perdão

Presumimos que seja difícil para alguém receber um pedido de perdão. Pode ser ainda mais difícil para a pessoa que o pede. Por que imaginamos que seja mais fácil se arrepender do que perdoar? Não é. Quando cometemos um erro e procuramos corrigi-lo, revelamos a profundidade de nossa humanidade. Revelamos a profundidade de nosso desejo de nos redimirmos. Revelamos a profundidade do desejo de curar aqueles a quem fizemos mal.

Stefaans Coetzee trilhou o Quádruplo Caminho em uma cela da Prisão Central de Pretória. Na véspera do Natal de 1996, quando tinha dezessete anos, Stefaans e um trio de membros do grupo supremacista branco Afrikaner Weerstandsbewegining (AWB) plantaram uma série de bombas num shopping center em Worcester, na África do Sul. Seu alvo era um local frequentado pela população negra da cidade. Seu objetivo era matar o maior número possível de pessoas. Só uma das bombas explodiu, mas feriu sessenta e sete pessoas e deixou quatro mortas. Três das que morreram eram crianças. Pouco depois do incidente, Coetzee expressou sua decepção diante do baixo número de mortos.

Foi um companheiro de prisão que pôs Coetzee na jornada de superação. Eugene de Kock, alcunhado "Prime Evil" pela mídia por seu papel em inúmeros assassinatos na era do apartheid, tornou-se o mentor de Coetzee. "A menos que você busque o perdão daqueles a quem lesou, descobrirá que se encontra dentro de duas prisões – aquela em que está fisicamente e aquela que construiu em volta do seu coração. Nunca é tarde para reparar o mal que causou. E então, mesmo estando por trás das grades, você ainda será livre. Ninguém pode trancar sua capacidade de mudar. Ninguém pode trancar sua bondade ou sua humanidade." No Dia da Reconciliação, em dezembro de 2011, uma carta de Stefaans foi lida para um grupo de sobreviventes do atentado em Worcester. Na carta, Stefaans expressou seu remorso e lhes pediu perdão. Muitos o perdoaram por seu ato hediondo. Na verdade, muitos dos sobreviventes o visitaram na prisão. Alguns ainda não foram capazes de perdoá-lo. Stefaans compreende que não pode exigir o perdão, mas descreve a sensação de ser perdoado como "uma graça... que resultou em uma liberdade para além da compreensão".

Quando faço mal a alguém, seja intencionalmente ou não, inevitavelmente faço mal a mim mesmo. Eu me torno menos do que estou destinado a ser. Eu me torno menos do que sou capaz de ser. Quando faço mal a alguém, preciso restituir o que tirei daquela pessoa. Ou fazer um gesto de recompensa. Preciso resgatar o que perdi dentro de mim mesmo através de minhas palavras ou atos prejudiciais.

Recuperar o que se perdeu exige que analisemos com honestidade a nós mesmos e enfrentemos nossos erros passados. Exige que admitamos o que fizemos e assumamos a responsabilidade por nossos atos. Exige um remorso sincero, que provém da compreensão de como nossos erros afetaram outros. Exige que olhemos para nossa própria alma e percebamos que uma pessoa que fere outra não é quem desejamos ser. Exige que estejamos dispostos a tentar compensá-la e fazer o que for exigido para restaurar o relacionamento, mesmo que isso signifique jamais voltar a vê-la. Devemos estar dispostos a respeitar nosso progresso ao longo do Quádruplo Caminho. Devemos estar dispostos a aceitar que a pessoa cujo perdão buscamos faça a sua própria jornada pelo Quádruplo Caminho. Não podemos ditar seu ritmo ou progresso. Mesmo que jamais encontremos

178 | O LIVRO DO PERDÃO

o perdão que buscamos, fazemos a escolha corajosa de trilhar esse caminho porque devemos envidar cada esforço possível para fazer o que é certo.

Jamais Trilhar o Quádruplo Caminho

Poucos de nós estão afoitos para reconhecer seus atos prejudiciais. Mas, se pretendemos que o processo do perdão seja bem-sucedido, devemos assumir a responsabilidade pelo que fizemos. Devemos poder afirmar a verdade do que fizemos para sanar a ruptura no relacionamento. Devemos contar a verdade para curar o processo neurótico que se deflagra em nós quando ferimos alguém. Kelly Connor não pôde falar sobre o que fez. Não pôde entrar no processo que conduziria à superação, e isso terminou por afetar sua vida de maneiras que jamais teria imaginado.

Quando Kelly tinha dezessete anos, pediu ao pai que a levasse de carro até seu emprego em Perth, na Austrália, pois normalmente ele não permitia que ela dirigisse. "Ele queria dormir até tarde, por isso se recusou. Fiquei eufórica por poder eu mesma dirigir seu carro. Era o aniversário de doze anos de minha irmã Jayne. Iríamos comemorá-lo mais tarde. Eu ia sair de férias com minhas amigas em algumas semanas. A vida era maravilhosa. Eu estava feliz. Tinha tanto por que esperar."

Naquele mesmo dia, quando se dirigia para o trabalho, Kelly atropelou acidentalmente e matou Margaret Healy, de setenta anos, no momento em que esta atravessava a rua:

Eu estava subindo uma ladeira depressa e olhando pelo espelho retrovisor. Cheguei ao alto da ladeira e não a vi até ser tarde demais. Ainda me lembro de sua expressão de

Precisar do Perdão | 179

horror. Ela era idosa, mas tentou se esquivar. Ela lutou por sua vida. Não tive a intenção de matá-la, mas tirei a sua vida. Sim, foi um acidente, mas eu fui a responsável. A culpa foi minha, mas a polícia não quis me deixar contar a verdade sobre o que acontecera.

— A que velocidade você estava indo? – perguntou o policial.

— Não tenho certeza, mas devia ser a uns setenta e poucos por hora. Eu estava indo depressa demais.

— Você conhece o limite de velocidade? – perguntou ele.

— Sessenta quilômetros por hora.

— Então, a que velocidade você estava indo? – tornou a perguntar.

— Provavelmente, a uns setenta e poucos – repeti, confusa.

Ele suspirou, tornando a perguntar:

— Qual é o limite de velocidade?

— Sessenta quilômetros por hora.

— Então, a que velocidade você estava indo?

Eu não sabia o que dizer. Ele estava me pedindo para mentir?

— Sessenta quilômetros por hora? – perguntei, por fim.

— Muito bem – disse ele, digitando a resposta que não acarretaria um processo criminal contra mim.

Minha mãe baixou um decreto em casa aquela mesma noite, segundo o qual devíamos viver nossas vidas como se aquilo jamais tivesse acontecido, e me proibiu de voltar a tocar no assunto. Para sempre. Meu nome apareceu no jornal, mas não pude mencionar minha vergonha, meu medo. Passei anos em estado de terror e ansiedade, acreditando que a polícia viria me arrastar para a prisão. Quando dormia, tinha pesadelos onde demônios e anjos

180 | O LIVRO DO PERDÃO

lutavam por minha alma. Eu me sentia confusa em relação a como continuar vivendo, por que eu deveria ter o direito de continuar vivendo. E me sentia totalmente sozinha e perdida, desconectada do mundo ao meu redor e excluída por todos que deveriam me amar. Não achava que era digna de viver porque havia tirado uma vida. Não havia lugar seguro ou pessoa segura com quem conversar sobre como eu me sentia. Parecia não haver espaço no mundo para uma jovem que fizera o que eu fizera e se sentia como eu me sentia. Vergonha, pavor, dor, culpa. Sei que meu pai também se sentia culpado por não ter me levado aquele dia, mas não podíamos tocar no assunto. Minha família se desintegrou. Meu pai acabou indo embora de casa quatro meses depois do acidente, e desapareceu. Ele morreu dez anos depois. Jamais voltei a vê-lo. Jamais pude me despedir dele. Minha família inteira morreu no dia em que atropelei Margaret. Minhas amizades morreram. Minha alegria morreu. Minha infância e meu futuro morreram. Eu gostaria de ter morrido também.

Não podia pedir perdão, nem me perdoar. Ninguém sabia a verdade sobre o que acontecera. A polícia e a lei não quiseram me punir, portanto eu mesma me puni. Jamais formei relacionamentos íntimos porque guardava esse segredo. Quando me tornava mais chegada a alguém, me mudava para outra cidade porque morria de medo de que a pessoa descobrisse, e não suportaria a dor de guardar aquele segredo e viver minha mentira. Tentei cometer suicídio porque acreditava que a única pessoa com quem poderia conversar sobre o que acontecera, a única que poderia me perdoar, era a própria mulher que eu matara. Fui internada num hospital psiquiátrico, mas nem mesmo lá pude contar a alguém meus sentimentos e a verdade sobre o que acontecera. Mantive a vergonha e os segredos trancados dentro de mim por décadas.

Kelly levou trinta anos para admitir o seu erro e romper o silêncio imposto pela mãe desde aquele dia fatídico. Quando finalmente foi capaz de admiti-lo, pôde criar espaço para seu próprio desespero, pedir perdão e, finalmente, três décadas e muito sofrimento depois, abrir mão do relacionamento. Hoje, Kelly vive em Londres e dá palestras sobre o acidente. Ela também escreveu um livro, *To Cause a Death*, sobre sua jornada do silêncio à superação. Sua vida foi alterada para sempre não apenas por ter tirado uma vida, mas por sua incapacidade de trilhar o Quádruplo Caminho, não podendo ser perdoada nem perdoar a si mesma. "Teria sido melhor", diz ela, "se eu tivesse ido para a prisão. Minha família teria tido uma chance. Mas, ao trancar todos os segredos, a culpa e a vergonha, em vez de me trancar, jamais tive uma chance de reparar o que fizera. Jamais tive uma chance de ser realmente livre".

Um: *Admitir o Erro*

Idealmente, o Quádruplo Caminho começa com aquele que infligiu o mal admitindo o que fez. Quando somos capazes de admitir o que fizemos de errado, iniciamos o processo de receber o perdão em terreno seguro. Torna mais fácil para a pessoa a quem prejudicamos nos perdoar. Não há garantias de que ela nos perdoará, mas trilhando o Quádruplo Caminho aumentamos as chances de receber seu perdão. Mesmo que haja poucas esperanças de que aquele que ferimos irá nos perdoar, ainda podemos trilhar o Quádruplo Caminho para a nossa própria superação. Quem concede o perdão recebe uma dádiva; quem recebe o perdão recebe a dádiva libertadora de um julgamento honesto. Quando buscamos o perdão, esperamos que nosso humilde reconhecimento ajude àquele a quem fizemos mal. Esperamos que nossa contrição repare o relacionamento que prejudicamos, e então procedemos com coragem. Embora inscientes do desfecho, sabemos que essa jornada é nossa única esperança de liberdade e completude.

Esse primeiro passo pode ser árduo. Não é fácil admitir nossos erros. Mas é algo que precisa ser feito. Como Kelly aprendeu, é muito mais difícil viver uma mentira. É um fardo carregar segredos e vergonha, culpa e remorso. Muitas vezes, o medo de contar a alguém o que fizemos é muito maior do que a reação que receberemos ao fazê-lo. Somente quando somos capazes de contar nossos segredos podemos ter esperanças de superar a vergonha e viver com honestidade e integridade.

Admitir o erro é o modo como começamos a assumir a responsabilidade por termos ferido outro ser humano. Como vimos repetidas vezes na CVR, geralmente as vítimas sofrem mais por não saberem. Se desejamos sinceramente corrigir as coisas, não devemos agravar o mal inicial deixando de fazer uma confissão honesta. É o primeiro passo quando se pensa sinceramente no outro primeiro. Quando sentimos verdadeiro remorso, podemos fazer uma confissão honesta e começar a aliviar o sofrimento que causamos. Isso é verdade caso você tenha tirado uma vida, roubado algo de um vizinho, traído um cônjuge ou feito qualquer um de uma infinidade de gestos nascidos da crueldade ou da inconsequência.

Nota

Talvez você deseje obter apoio ao iniciar o processo de admitir um erro. Pode ser útil praticar o que pretende dizer com um amigo, parente ou pessoa de confiança.

Como Faço para Admitir o Erro?

O melhor modo de começar qualquer coisa que parece difícil é simplesmente começá-la. Ao admitir o que fizemos, devemos fazê-lo sem quaisquer expectativas em relação à resposta que iremos receber. Mantemos nossa integridade com firmeza e expomos os atos que cometemos. "Roubei algo de sua propriedade", podemos dizer, ou "menti para você". Outra parte crucial ao se admitir o que se fez é reconhecer que foi errado e afirmar que sabemos que prejudicamos a pessoa, talvez de maneira grave e irreparável.

Também devemos nos mostrar dispostos a responder a quaisquer perguntas da vítima sobre o que fizemos. Talvez ela nos peça para esclarecer certos acontecimentos, datas, horas e outros detalhes concretos. Ou pode pedir que expliquemos por que agimos daquela forma. Devemos ter o cuidado de não tentar nos justificar ou desculpar nossos atos de qualquer modo. "Eu fui inconsequente e egoísta" é uma resposta muito diferente de "eu estava com raiva e fora de mim". Tem uma textura e um tom diferentes e provocará outra reação na pessoa a quem fizemos mal. Pode até ser verdade que estávamos fora de nós, mas ainda devemos nos responsabilizar por cada ato cometido que fira alguém. Não pode haver reconciliação sem responsabilidade.

E Se Meus Atos Tiverem Sido Justificados?

Talvez você tenha ferido alguém que lhe é próximo sem ter tido a intenção de fazê-lo. Você ainda deve percorrer o Quádruplo Caminho mesmo quando se sente justificado no que fez? Ou mesmo que não tenha feito nada e a outra pessoa ainda esteja zangada por um insulto ou dano imaginário?

184 | O LIVRO DO PERDÃO

Ubuntu responde que sim. *Ubuntu* dá o máximo valor a relacionamentos integrais e saudáveis. Se alguém está magoado, *Ubuntu* pede que tentemos compreender a dor da pessoa e nos convida a ver as coisas pela perspectiva do outro. Talvez todos já tenhamos ouvido a pergunta "você quer ter razão ou ser feliz?". Todos queremos ser felizes, e muitas vezes isso exige que nos desculpemos e testemunhemos o mal que o outro sente que fizemos, mesmo que acreditemos que nosso gesto não "deveria" tê-lo ferido. Nos assuntos do coração, não existe "deveria".

Se alguém está sofrendo por nossa causa, tenhamos ou não tido a intenção de magoar a pessoa, devemos fazer o possível para sanar a situação. Isso vale tanto para pequenos desentendimentos quanto para crimes graves.

E Se a Vítima Não Souber?

Só você conhece seu passado, seus segredos, a culpa e a vergonha que carrega. Se não enfrentar o passado, ele irá atormentá-lo. Se não for capaz de admitir seus erros ou crimes, a culpa e a vergonha irão pôr suas unhas de fora de uma ou outra maneira destrutiva. Essas coisas têm o dom de vir à tona, geralmente de um modo que não se consegue controlar.

Todos nós perdemos uma parte de nossa humanidade, de nossa divindade, quando ferimos outro ser humano. E essa perda é um fardo pesado de se carregar. Esteja a pessoa que você feriu consciente disso ou não, já é o suficiente para que você busque um modo de sanar a situação. Esse caminho pode ou não incluir contar a sua história a quem você feriu. Revelar uma traição desconhecida pode causar um dano ainda mais profundo à vítima do que sua ignorância do fato. Se for esse o caso, você pode contar a história a um terapeuta ou confessor de sua confiança.

Precisar do Perdão | 185

E Se Eu Tiver Medo das Consequências?

É compreensível que você sinta medo do que possa acontecer ao admitir seus erros. Pode haver um preço a pagar. Mas esse preço será muito mais baixo do que o custo pessoal de se manter em silêncio. O peso da culpa pode ser enorme, e o fardo da vergonha, insuportável.

Se há consequências legais a considerar, seria aconselhável buscar orientação antes de admitir o erro. E também trazer alguém de confiança para dar apoio a você e à vítima. Pode ser um membro da família, um amigo ou um profissional. O importante é se lembrar de que não pode haver perdão autêntico, e portanto superação autêntica, sem a verdade nua e crua. É ela que nos liberta a todos.

Dois: *Testemunhar o Sofrimento e Pedir Desculpas*

É difícil admitir nossos erros, fazer uma confissão completa de nossos crimes. Também é difícil testemunhar o mal que causamos e nos desculpar. Testemunhar e se desculpar são atos que exigem uma humildade que não nos ocorre facilmente. Mesmo quando sabemos que fomos levianos, egoístas ou cruéis, ainda não é fácil admitir isso, enfrentar o dano que causamos e dizer "sinto muito". Verdade seja dita, essas duas palavras costumam ser as mais difíceis de dizer a outro ser humano. Essas duas palavrinhas podem morrer em nossa boca cem vezes antes de sermos capazes de dizê-las. Mas vale a pena praticar as palavras "sinto muito" quando cometemos pequenos delitos, porque com o tempo precisaremos dela para os grandes delitos.

186 | O LIVRO DO PERDÃO

Quando testemunhamos o sofrimento que causamos ao outro, ajudamos a ele e ao relacionamento. Vítimas precisam contar suas histórias, expressar o quanto foram feridas. E, como perpetradores, precisamos ser destemidos o bastante para ficar diante daqueles que ferimos e abrir nosso coração, criando espaço para a sua dor. Tivemos um papel na criação dessa dor, e teremos um papel na sua superação.

Como Faço para Testemunhar o Sofrimento?

Vítimas precisam sentir que estão sendo ouvidas e apoiadas. A melhor maneira de fazer isso é não questionar os dados de suas histórias ou o modo como estão sofrendo. Se o seu cônjuge diz que você mentiu na quarta-feira passada, quando na verdade foi na quinta, discutir a data da mentira não vai ajudar a restaurar sua confiança. Se o seu filho diz: "Você não foi ao meu jogo de futebol, eu nunca posso contar com você", não é interessante, em termos de reconciliação, mencionar todos os outros jogos de futebol a que você foi como prova irrefutável de que ele pode, sim, contar com você.

Quando as pessoas estão sofrendo, crivá-las de perguntas não alivia seu sofrimento. Todos nós desejamos que nossa dor seja reconhecida e compreendida. Todos nós desejamos nos sentir seguros para expressar nossas mágoas em todas as suas várias formas e texturas. Se você discutir com a pessoa a quem feriu, ela não se sentirá segura, nem compreendida. Quando a pessoa está magoada, ela quer que sua dor seja compreendida e validada. Sem essa compreensão, o processo do perdão empacará e vocês dois permanecerão presos num ciclo infinito de contar a história e dar vazão à mágoa. A empatia é o portal para o perdão, tanto para você quanto para aquele a quem você prejudicou.

Não existe uma fórmula para se testemunhar o sofrimento. Não é algo que se possa ensaiar. Você precisa se abrir e ter o desejo autêntico de sanar o mal que causou. Se sua vítima tiver perguntas, responda a elas honesta e detalhadamente. Fale de coração. Se a pessoa perguntar como você pode ter feito o que fez, diga a verdade.

É extremamente doloroso entrar no processo do perdão e enfrentar o efeito dominó do mal que causamos. Como vimos na história de Mpho, Angela e sua família não foram os únicos afetados pela violência. A violência também afetou Mpho, suas filhas, as colegas de escola de minhas netas e o senso de segurança de todos na nossa comunidade. A violência foi cometida contra Angela, mas a dor se difundiu. Estamos todos tão interconectados que, quando ferimos alguém, a dor se propaga muito mais fundo e mais longe do que podemos imaginar. Ao testemunhar o sofrimento causado pelo mal que fizemos, começamos a reverter a maré dos danos. E oferecendo em seguida um sincero pedido de desculpas, estancamos o fluxo de danos futuros.

Testemunhar o Sofrimento

- Não discuta.
- Não faça perguntas.
- Escute e reconheça o mal que causou.
- Não justifique seus atos ou motivações.
- Responda a todas as perguntas honesta e detalhadamente.

Uma Palavra Simples

Depois de admitirmos nossos erros e testemunharmos o sofrimento, devemos oferecer um sincero pedido de desculpas. Há algo de mágico em dizer "desculpe". A própria enunciação é libertadora. Qual dentre nós jamais teve de dizer essa palavra, e qual jamais desejou ouvi-la? "Desculpe" pode ser uma ponte entre nações, casais, amigos e inimigos. Um mundo inteiro pode ser construído sobre os alicerces lançados por essa única palavra: "desculpe".

Se negligenciarmos esse passo importante, poderemos causar rachaduras nas bases do nosso perdão.

Podemos precisar pronunciar essa palavra mágica muitas vezes antes de ser ouvida e sentida. Podemos ter de dizê-la muitas vezes antes de ser acreditada. O importante é que tenhamos a coragem de dizê-la, a vulnerabilidade de senti-la e a humildade de repeti-la tantas vezes quantas forem necessárias.

Como Devo Pedir Desculpas?

Quando você pede desculpas, restaura a dignidade violada da pessoa a quem feriu. Você também reconhece que a ofensa aconteceu. Assume a responsabilidade por seu papel no mal causado. Quando você se desculpa com humildade e remorso sincero por ferir alguém, você abre espaço para a superação.

Todos já ouvimos crianças dizendo "desculpe" quando obrigadas a isso pelos pais, e também já ouvimos o ressentimento da criança ao dizê-lo. Um pedido de desculpas vazio ou insincero só serve para agravar o mal feito. Um pedido de desculpas oferecido como forma de se livrar das consequências ou para aplacar uma pessoa aborrecida não é um pedido de desculpas em absoluto. Quando você se desculpar, faça isso de coração. Se não for com sentimento, não diga nada. É apenas quando reconhecemos o sofrimento do outro e o verdadeiro mal que lhe causamos, que nossas desculpas são autênticas. Quando estamos realmente arrependidos, nossas desculpas saem espontaneamente, sem relutância. Quando reconhecemos e admitimos nossos erros, enfrentando a dor que causamos livre e espontaneamente, e sentimos um remorso sincero por nosso comportamento, o pedido de desculpas nos dá a sensação de que um grande peso foi tirado de nossas costas. Mesmo quando o pedido é conciliador, quando somos movidos por *Ubuntu* a reparar um agravo de que não tínhamos consciência, as desculpas devem ser sinceras para poderem ser libertadoras.

E Se Eu Não Puder Pedir Desculpas Diretamente à Pessoa que Prejudiquei?

A liberdade e a superação que provêm das palavras "sinto muito" ainda são possíveis, mesmo que a pessoa a quem você precisa pedir desculpas não esteja mais viva ou não haja qualquer modo de falar com ela diretamente. Você pode lhe escrever uma carta, e depois queimá-la ou enterrá-la. Também pode postar seu pedido em algum site de desculpas anônimas, ou ligar para algum 0800 que ofereça esse tipo de serviço e deixar seu pedido numa caixa postal.

A existência dessas válvulas de escape para desculpas é um testemunho do poder de cura de um pedido de desculpas oferecido. Idealmente, poderíamos enfrentar nossos acusadores, expressar nosso remorso e oferecer nossas desculpas sem rodeios. Esse ideal nem sempre é possível, mas ainda podemos dar esse passo ao longo do Quádruplo Caminho.

Três: *Pedir Perdão*

Muitas vezes nos perguntamos se é egoísta pedir perdão. Estaremos pedindo para que passem a mão na nossa cabeça, para não termos que quitar nossas dívidas com a sociedade ou não sermos responsabilizados por nossos atos? Não é egoísta pedir perdão, e na verdade é a forma mais alta de responsabilidade. Ao pedir perdão, assumimos um compromisso com a possibilidade de mudar. Engajamo-nos no trabalho duro da transformação. Nenhum de nós é irredimível, e menosprezar a qualquer um de nós como sendo indigno de perdão é menosprezar a todos.

Pedimos perdão porque nenhum de nós pode viver no passado. A vítima não pode viver no passado. O perpetrador não pode viver no passado. Quando pedimos perdão, pedimos permissão para recomeçar. Quando pedimos perdão, pedimos para deixar de ser reféns do passado. Quando pedimos

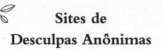

**Sites de
Desculpas Anônimas**

www.perfectapology.com
www.imsorry.com
www.joeapology.com

**Serviço de Desculpas
por Caixa Postal
(nos Estados Unidos)**
(347) 201-2446

perdão, encontramo-nos no meio de um processo profundo que liberta tanto a vítima quanto o perpetrador. Não existe pedido de perdão sem se admitir o erro e testemunhar o sofrimento causado.

Se ainda acha difícil pedir perdão, talvez seja por não estar conseguindo perdoar a si mesmo, como discutiremos no Capítulo 9. Pedir perdão à sua vítima é outra maneira de assumir sua responsabilidade e o sincero desejo de reparar o que danificou. Não há qualquer garantia de que você será perdoado, nem de que o relacionamento será restaurado, mas, por meio do pedido de perdão, fazemos a nossa parte, e é apenas quando tentamos tudo que esteja ao nosso alcance que nos libertamos de um passado vergonhoso. Todo pecador tem o potencial de ver com os olhos de um santo e recuperar a humanidade que perdeu devido a seu comportamento destrutivo.

Como Devo Pedir Perdão?

Pedir perdão é muito mais do que dizer as palavras "Você me perdoa?". Quando pedimos perdão, expressamos nosso remorso e oferecemos desculpas. Reconhecemos o mal feito e explicamos por que não iremos ferir a vítima novamente. Quando buscamos o perdão com sinceridade, fazemos tudo que for necessário para sanar o erro — estamos dispostos não apenas a perguntar à vítima se nos concederá o perdão, mas também a oferecer qualquer forma de restituição que ela exija como condição para perdoar. É simples e difícil assim. Nenhum lado em um conflito deseja ficar atado para sempre ao papel de vítima ou de perpetrador.

Na CVR, não era um pré-requisito que os perpetradores expressassem seu remorso para serem anistiados. No início, os membros da comissão ficaram ultrajados com isso, mas depois perceberam a sabedoria dessa decisão. Como comissão, não queríamos que os perpetradores fingissem estar arrependidos ou meramente oferecessem palavras ocas e remorso falso para atender a uma exigência do processo de anistia. O que buscávamos principalmente era a verdade e um modo de as vítimas serem ouvidas e terem suas perguntas respondidas. Embora nenhuma expressão de remorso fosse exigida, quase todos que compareceram perante a comissão se dirigiram às vítimas a fim de expressá-lo por seus atos, e desses, quase todos pediram perdão.

Ver o perdão ser tão livremente concedido foi uma lição de humildade para mim. Fiquei assombrado com os pedidos de desculpas magnânimos e os profundos atos de perdão que decorreram de diálogos honestos. Não há roteiro que eu possa escrever que expresse o seu remorso. Você deve escrever o seu próprio roteiro diretamente do coração e da consciência. Esse é o lugar onde é gerado o poder de perdoar e de ser perdoado. Ou você sente, ou não sente. E a sua vítima saberá se o seu remorso é autêntico e sincero.

Quando Easy Nofemela tomou conhecimento da CVR, não quis dar seu testemunho sobre o assassinato de Amy Biehl. Até ler um artigo no qual Linda e Peter Biehl, os pais de Amy, diziam que não lhes cabia perdoar e sim ao povo da África do Sul "aprender a perdoar". Foi então que ele decidiu se apresentar diante da comissão, contar sua história e expressar seu remorso. "A anistia não foi minha motivação. Só queria pedir perdão. Queria dizer na frente de Linda e de Peter, cara a cara: 'Sinto muito. Podem me perdoar?' Queria ser livre de corpo e alma."

Como já contamos no capítulo anterior, um novo relacionamento se formou entre os Biehl e Easy porque ele se mostrou disposto a expressar o seu remorso e a pedir perdão. Uma nova história foi escrita a partir da tragédia do assassinato de Amy, possibilitando grandes bens e grandes curas em seu nome e em sua memória.

E Se a Outra Parte Não Quiser Me Perdoar?

Não há garantias de que quando você pede perdão ele lhe será concedido, mas você deve pedi-lo mesmo assim. O caminho de sua vítima rumo ao perdão pode estar se desenrolando num ritmo diferente do seu. Se o perdão for recusado, não a pressione ou responda com qualquer atitude que não seja de humildade e compreensão. Diga a ela que você está lá para assisti-la no que precisar, que você respeita a sua decisão, e então demonstre, por seus atos, que você mudou. Nunca é sábio, nem produtivo, forçar o assunto. Você não pode obrigar alguém a perdoá-lo. Muitas vezes, principalmente nos relacionamentos íntimos, restaurar a confiança leva tempo. Se você traiu alguém próximo, a pessoa pode levar semanas, meses ou até anos até considerar a possibilidade de perdoá-lo e renovar o relacionamento.

No entanto, mesmo quando alguém não o perdoa, você ainda pode avançar no Quádruplo Caminho. O fato de não vir a ser perdoado da maneira como desejava não precisa ser um impedimento no seu processo de crescimento e superação. Nenhum de nós pode continuar a carregar o fardo de um erro pelo qual se arrepende sinceramente. Se você honestamente tentou e falhou em seu pedido de perdão, então já cumpriu a sua parte. Isso não significa que não haja reparações a ser feitas. Sempre devemos tentar restituir o que tiramos da outra pessoa, seja palpável ou impalpável. Às vezes não podemos restituir o

194 | O LIVRO DO PERDÃO

que se perdeu, como no caso da morte de Angela, mas há sempre compensações a ser feitas.

Como Posso Compensar a Pessoa?

Uma grande parte do processo de pedir perdão é compensar a vítima, e no que isso consiste depende em parte do que ela precisa de você para perdoar. Pode ser a devolução concreta de algo que se perdeu, como o pagamento de uma soma que foi roubada ou a devolução de uma propriedade que foi tomada. Geralmente, essas são as reparações mais fáceis e claras a ser feitas. Se suas reparações são de natureza financeira e você não pode cumpri-las imediatamente, ajuda fazer um plano de parcelamento com o credor, e então cumpri-lo. Nossas palavras podem expressar nosso remorso e desejo de fazer o que é certo, mas geralmente são nossas ações que mostram nossas verdadeiras intenções. Se fizer um acordo, procure cumpri-lo, ou poderá ter de trilhar todo o Quádruplo Caminho novamente.

As reparações necessárias podem ser de natureza mais simbólica. Por exemplo, se houve violência ou infidelidade da sua parte, seu cônjuge ou namorado pode precisar que você concorde em ver um terapeuta. Se eu fosse dizer a meu pai o que precisava dele para restaurar nosso relacionamento, poderia ter dito que precisava que ele jamais voltasse a beber.

Em geral, a vítima precisa saber e receber garantias de que a ofensa não voltará a acontecer. A necessidade de sua vítima será determinada pela situação específica. Muitas vezes apenas compreender as circunstâncias e razões de seus atos e sentir que seu remorso sincero é tudo que é preciso para que ela conceda o perdão e aceite restaurar o relacionamento.

O processo de compensação não pode ser ignorado. Se você embarcou no Quádruplo Caminho sem poder pedir perdão diretamente à pessoa a quem feriu ou perguntar a ela do que precisa para superar, você ainda pode fazer reparações indiretas, como vimos Lisa Cotter fazer em relação a Mandie e Carrie, as duas jovens mortas no acidente de carro pelo qual foi responsável. Se você roubou dinheiro, pode doar uma quantia equivalente a uma instituição beneficente em nome da pessoa de quem roubou. Ou pode mandar a quantia anonimamente para a vítima, ou sua família. Se causou algum mal à sua comunidade, pode fazer trabalho voluntário como forma de reparação. Há incontáveis formas de corrigir nossos erros, mesmo sem a orientação daqueles a quem prejudicamos. Em última análise, você embarcou nesse processo para voltar à sua completude e curar a todos a quem fez mal – inclusive a si mesmo. Fazer reparações também é o modo de curar a si mesmo.

Quatro: *Renovar ou Abrir Mão do Relacionamento*

O último passo no Quádruplo Caminho é renovar ou abrir mão do relacionamento. Como dissemos no capítulo anterior, e isso vale tanto para o caso da vítima quanto para o do perpetrador, a preferência é sempre pela renovação ou restauração de um vínculo. Muitas vezes nossos relacionamentos podem se fortalecer através do processo de admitir um erro e pedir perdão. Quando somos perdoados, podemos começar de novo e aprender a partir dos erros do passado. É importante observar que renovar não é esquecer. Quando somos perdoados, entramos em

196 | O LIVRO DO PERDÃO

um novo relacionamento, mas não podemos esperar que as pessoas que ferimos esqueçam o ferimento. Não pedimos a nossas vítimas para esquecer, e sim para reconhecer a humanidade que nos é comum e nossa disposição de mudar. É nossa esperança que, depois de uma jornada honesta pelo Quádruplo Caminho, os dois lados avancem e criem uma nova história juntos. Nem sempre é possível, mas sempre vale o esforço.

Buscamos a restauração e a renovação, mas, se isso não é possível, abrimos mão do relacionamento. Assim como renovar o relacionamento não é esquecer, abrir mão do relacionamento não é perder. Às vezes não podemos criar algo novo a partir dos escombros do passado, mas ainda devemos avançar rumo às possibilidades do futuro. Nenhum de nós pode forçar um relacionamento. Se a pessoa a quem você feriu prefere não ter um relacionamento com você, essa escolha é dela. Com elegância e plena consciência, você fez tudo ao seu alcance para sanar a situação. Agora, deve honrar a decisão da pessoa de abrir mão de você e do relacionamento.

Abrir mão significa avançar para o futuro, livre do passado. Você fez tudo que podia para restaurar o relacionamento. O Quádruplo Caminho é seu trampolim para uma nova vida e um retorno a quem você verdadeiramente é. No próximo capítulo, exploraremos de que modo trilhar o Quádruplo Caminho ao encontro da transformação gerada pelo ato de perdoar.

Mas antes, paremos para ouvir o que o coração ouve.

Sinto muito.
Quantas mortes essas palavras já tiveram?
Ficaram presas na minha garganta,
Dissolveram-se na minha língua,

Sufocaram-se antes de encontrar o ar...
Sinto muito:
As palavras afundam no meu coração,
Pesando uma tonelada.
Será que não posso apenas ir em frente, dizer que sinto muito, e fim?
Eu realmente sinto muito, mas esse ainda não é o fim.
Sinto muito pela mágoa que causei,
Pelas dúvidas que inspirei, pela tristeza que você sentiu,
Pela raiva, pelo desespero, pelo sofrimento e pela dor que você suportou.
Sinto muito.
Não há moeda em que eu possa pagar por suas lágrimas,
Mas posso compensá-lo,
E sou sincero ao dizer que
Sinto muito.

Resumo
Precisar do Perdão

- Obtenha apoio de terceiros, conforme necessário.
- Admita o seu erro.
- Testemunhe o sofrimento do outro e expresse seu arrependimento.
- Peça perdão.
- Ofereça qualquer tipo de restituição ou reparação que seja exigida ou necessária.
- Respeite a escolha de sua vítima de renovar ou abrir mão do relacionamento.

Meditação

A Caixa de Perdão

1. *Crie um espaço seguro.* Pense em um lugar onde se sinta seguro. (Se já fez esta meditação no Capítulo 4, basta relembrá-la. Se não, continue lendo.) Pode ser real ou imaginário. Visualize esse lugar com nitidez e imagine-se nele. Você está em casa ou ao ar livre? É um espaço amplo, a céu aberto, ou um cantinho aconchegante? Qual é o seu cheiro? Qual é a sensação do ar na sua pele? Que sons você ouve? Música? O crepitar de uma fogueira?

Pássaros cantando? O murmúrio de um riacho ou fonte? Ondas do mar? O sussurro suave da relva oscilando em meio à brisa? Existe um lugar convidativo onde você pode se sentar confortavelmente. Relaxe onde você pode se sentar confortavelmente. Relaxe nesse lugar. É o seu lugar seguro.

2. *Alguém está chamando por você*. Essa pessoa o chama com uma voz cheia de carinho, amor e alegria. Quando você estiver pronto, receba-a no seu lugar seguro. Observe como a presença dela aumenta seu senso de segurança. Quem é o seu companheiro ou companheira? Algum ente amado, um amigo, uma figura espiritual? Alguém que é receptivo, acolhedor e totalmente confiável?

3. *Entre você e seu companheiro encontra-se uma caixa aberta.* Olhe para a caixa. É pequena e leve o bastante para você carregar. Observe seu tamanho, formato e textura. O que é único nessa caixa? Conte ao seu companheiro a história da mágoa que você carrega. Conte a verdade sobre como você foi ferido, desdenhado, desrespeitado, envergonhado ou humilhado, com tantos detalhes quantos puder se lembrar. Enquanto fala, veja a mágoa e as palavras se derramando de sua boca numa torrente. Observe a torrente sendo despejada na caixa aberta. Fale até não restar mais nada.

4. *Peça perdão*. Diga ao seu companheiro que se arrepende e peça perdão. Seu companheiro sorrirá para você, sabendo que você é digno de amor, não importando o que tenha feito. Agora, tampe com delicadeza a caixa de perdão.

5. *Pegue a caixa no colo.* Você pode preferir continuar sentado com ela no colo por alguns momentos. Quando estiver pronto, entregue-a a seu fiel companheiro.
6. *Quando estiver pronto, pode deixar o seu lugar seguro.* Saiba que seu fiel companheiro ficará com a caixa de perdão e lhe dará as boas-vindas ao fim do seu Quádruplo Caminho.

Ritual com a Pedra

Colocar a Pedra na Terra

1. Para este ritual, você precisará de uma pedra pesada, que não lhe pareça fácil demais de carregar.
2. Caminhe com a pedra por alguma distância até algum lugar privado.
3. Confesse para a pedra o que você fez.
4. Em seguida, conte à pedra o sofrimento que você causou.
5. Peça perdão à pedra. Você pode imaginar a pessoa a quem fez mal, ou pedir perdão a Deus.
6. Pense no que fazer para compensar essa pessoa, ou de que modo pode ajudar outras pessoas.
7. Devolva a pedra à natureza.

Exercício para o Diário

Meditações e visualizações podem ser terapêuticas, mas também é extremamente útil anotar o que você fez como preparação para o ato de pedir perdão em si.

1. *Admitir o erro.* O que você fez? Use esse espaço no seu diário para contar a verdade e listar os fatos referentes ao mal que você causou.
2. *Testemunhar o sofrimento.* Agora reflita profundamente sobre a forma como seus atos prejudicaram o outro. Escreva frases que comecem com "Eu me arrependo por...". Escreva tantas frases quantas puder.
3. *Pedir perdão.* Escreva a seguinte frase e a conclua: "Vou compreender se você não puder me perdoar agora, mas espero que possa me perdoar algum dia, porque...".
4. *Renovar ou abrir mão do relacionamento.* Você pretende perguntar à pessoa o que pode fazer para compensá-la, mas no diário deve listar suas próprias ideias sobre o que fazer para renovar o relacionamento. O que você pode fazer para reparar o que destruiu?

Capítulo 9

Perdoar a Si Mesmo

MEU PAI DISSE QUE QUERIA conversar. Eu estava exausto. Estávamos a meio caminho de casa naquela peregrinação que fazíamos seis vezes por ano. Naquele dia, tínhamos dirigido por dez horas para deixar as crianças em seus internatos na Suazilândia. Meu sono era invencível. Descansaríamos por algumas horas antes de seguir viagem no dia seguinte para nossa casa em Alice. Um ano se passara desde o incidente com o rapaz branco no mercado. Iríamos cruzar o Karoo mais uma vez, uma travessia sempre exaustiva.

Respondi a meu pai que estava cansado e com dor de cabeça: "Conversamos amanhã de manhã." Fomos para a casa da mãe de Leah, que ficava a meia hora de distância. Na manhã seguinte, minha sobrinha veio nos acordar com a notícia de que meu pai falecera.

Senti uma dor avassaladora. Eu amava muito o meu pai, e embora seu gênio me fizesse sofrer enormemente, ele também

204 | O LIVRO DO PERDÃO

tinha um lado extremamente amoroso, lúcido e espirituoso. E também tive de enfrentar o sentimento de culpa. Com sua morte súbita, eu jamais poderia ouvir o que ele quisera me dizer. Será que desejara tirar um grande peso do coração? Ou talvez pedir desculpas pela violência que infligira a minha mãe quando eu era menino? Nunca saberei. Demorei muitos, muitos anos para me perdoar por minha insensibilidade, por não honrar meu pai uma última vez, pelos poucos momentos que quis passar comigo. Honestamente, o sentimento de culpa ainda me alfineta.

Quando reflito, todos esses anos depois, sobre suas agressões de bêbado, compreendo que não era só com ele que eu me enfurecia. Era comigo mesmo. Encolhido de medo como o menino que era, não fui capaz de enfrentá-lo ou de proteger minha mãe. Tantos anos depois, percebo que não tenho que perdoar apenas meu pai. Tenho que perdoar a mim mesmo.

Somos chamados a perdoar repetidas vezes; é a natureza de todos os relacionamentos. Sim, pode ser muito difícil perdoar os outros, mas muitas vezes pode ser ainda mais difícil perdoarmos a nós mesmos. Se eu como doces demais, devo me criticar por minha falta de força de vontade ou me perdoar por ceder às tentações da gula? Se eu disser: "Hoje vou malhar na academia", mas em vez disso acabar tirando um longo e delicioso cochilo, devo me punir ou me perdoar? Se me perdoar, isso significa que tirarei um cochilo ainda mais longo amanhã, depois de comer ainda mais doces?

As razões para nos perdoarmos são as mesmas para perdoar os outros. É o modo como nos libertamos do passado. É como o superamos e amadurecemos. É como extraímos sentido de nosso sofrimento, recuperamos nosso amor-próprio e contamos uma nova história de quem somos. Se perdoar os outros

Perdoar a Si Mesmo | 205

leva à paz externa, perdoar a nós mesmos leva à paz interna. Pode ser extremamente difícil quando você é tanto a vítima quanto o perpetrador de sua própria história.

Havia Algo de Errado Comigo

Quase imediatamente, a família de Margaret Healy perdoou Kelly Connor, que tinha dezessete anos, pelo acidente de trânsito que matou Margaret. Décadas depois, Kelly ainda sente dificuldade de se perdoar:

> Eu me sentia como se não merecesse ser feliz, ou mesmo viver. Era uma forma dolorosa de estar no mundo. Eu me sentia separada de tudo e de todos. Em grande parte isso se devia ao fato de eu não conseguir falar a respeito, mas também ao fato de me sentir muito envergonhada. Havia algo de errado comigo. Será que eu era mesmo aquele monstro horrível que matara outra pessoa? Eu não era totalmente sincera em relação ao acidente, e sei que contribuí para meu ódio por mim mesma, para a vergonha e a culpa.
>
> Minha vida inteira foi definida por aquela única tarde. Não sei quem eu seria se aquilo não tivesse acontecido. Demorei décadas para aceitar quem sou. Se isso significa que me perdoei? Não tenho certeza. É uma coisa com que ainda tenho problemas até hoje. Sei que não seria quem sou se não tivesse tirado uma vida, e hoje gosto de quem sou. É difícil se reconciliar consigo mesmo. Quando falo sobre o acidente, ajudo os outros, e isso me ajuda tremendamente a perdoar a mim mesma.
>
> Hoje há uma nova pesquisa sobre o tipo específico de trauma que ocorre quando motoristas causam mortes

206 | O LIVRO DO PERDÃO

acidentais. Essa pesquisa está sendo feita porque contei minha experiência em público. Saber que algum bem pode sair dessa tragédia me dá algo a que me apegar – um significado e um propósito maiores. Sei que a família de Margaret me perdoou. E na maioria dos dias acredito que também me perdoei. Mas foi um processo longo e difícil. Se isso tivesse acontecido com uma amiga, eu teria lhe dito: "Acidentes acontecem. Perdoe-se. Siga em frente." Acho que somos mais duros com nós mesmos. Eu, pelo menos, sou. Tento ajudar os outros. Sou uma boa mãe. Essas são as coisas que lembro a mim mesma quando sou assaltada pela autorrecriminação, e ajuda.

Perdoar a Si Mesmo Não É um Passe Livre

Quando perdoamos alguém, abrimos mão de quaisquer exigências de que a pessoa sofra o mesmo que nós. Como já mostramos, esse ciclo de revide e vingança jamais oferece a libertação da dor que buscamos. Só serve para aumentar o sofrimento. Quando nos perdoamos, também nos libertamos de um ciclo de punição e retaliação voltado contra nós mesmos. Isso não quer dizer que não sejamos responsáveis nem devamos prestar contas de nossos atos. Se eu invado sua residência e roubo seus pertences, não posso ir para casa e dizer: "Bem, eu me perdoo, portanto está tudo certo no mundo."

Perdoar a mim mesmo não me permite ficar impune pelo que fiz. Ainda devo trilhar o Quádruplo Caminho e procurar corrigir meus erros com a vítima. Se você não fez isso, por favor, volte ao capítulo anterior e se aventure pelo caminho em busca do perdão. Para realmente nos perdoarmos, não podemos pular uma tentativa honesta de admitir nossos erros, enfrentar as consequências de nossos atos prejudiciais, pedir perdão e tentar compensar o outro.

Os professores Julie Hall e Frank Fincham, da State University of New York, em Buffalo, estão estudando o ato de perdoar a si mesmo, que chamam de "filho adotivo" da pesquisa sobre o perdão. No estudo que publicaram, eles distinguem entre o verdadeiro e o falso perdão a si mesmo:

> Para que alguém realmente perdoe a si mesmo, deve explícita ou implicitamente reconhecer que seu comportamento foi errado e assumir a responsabilidade ou culpa por tal comportamento. Sem esses elementos, o ato de perdoar a si mesmo é irrelevante, e o mais provável é que ocorra um falso perdão. O falso perdão ocorre quando um agressor deixa de reconhecer seu erro e assumir a responsabilidade por ele. Em tal situação, a pessoa pode dar sinais de ter se perdoado, quando, na verdade, nem chegou a acreditar que tivesse feito algo de errado. A conscientização do mal feito e a aceitação da responsabilidade geralmente dão origem a sentimentos de culpa e arrependimento, que devem ser plenamente vividos antes que se possa perdoar a si mesmo. Tentativas de se perdoar sem processar cognitiva e emocionalmente a transgressão e suas consequências provavelmente levarão à negação, à supressão ou ao falso perdão.[12]

Estamos buscando nosso perdão autêntico, que só é possível através de um olhar honesto e crítico para nós mesmos, nossos atos e suas consequências. As pessoas que sinceramente se perdoam são pessoas que querem mudar. Elas não querem repetir os erros do passado. Para desejar seu perdão sincero, você deve ser uma pessoa de consciência. Se sente culpa, vergonha, arrependimento ou remorso por algo que

208 | O LIVRO DO PERDÃO

fez, esse é o ponto por onde começar. Você pode trilhar o Quádruplo Caminho e buscar o perdão. Se se sente paralisado pela culpa, a vergonha, o arrependimento ou o remorso, há um meio de se curar e se libertar da paralisia, entrando no processo de perdoar a si mesmo.

Por que Eu Deveria Me Perdoar e Por Que É Tão Difícil?

A incapacidade de nos perdoarmos pode afetar todas as áreas de nossa vida – nossa saúde, carreira, relacionamentos, desempenho como pais e nossa felicidade e bem-estar em geral. Quando somos implacáveis com nós mesmos, experimentamos os mesmos efeitos emocionais e físicos nocivos de quando somos implacáveis com os outros. Apegar-se à autorrecriminação nos mantém presos ao passado e limita o potencial contido no momento presente. Podemos facilmente nos tornar vítimas de nossos próprios pensamentos e sentimentos de culpa e vergonha pelo que fizemos. Não se engane, devemos ser responsáveis por nossos atos, mas quando ficamos presos na história infeliz do que fizemos – quando formamos uma identidade a partir de nossos atos passados –, negamos a nós mesmos a dádiva da transformação. Todos nós podemos aprender com os erros do passado. Aprender com o passado não é o mesmo que sermos reféns do que fizemos. Em algum ponto devemos abrir mão do passado e recomeçar. Já dissemos muitas vezes que ninguém é indigno de perdão, e isso inclui você.

Sei que ainda pode ser difícil oferecermos a nós mesmos o perdão que concedemos tão espontaneamente aos outros.

Talvez nos julguemos por padrões mais altos do que aqueles pelos quais julgamos os outros. (Se pensarmos bem, reconheceremos esse duplo padrão como uma pequena forma de arrogância: eu sou melhor do que ele, portanto devo me comportar melhor.) Talvez sintamos que não pagamos realmente por nossos crimes. Talvez nossa culpa e nossa vergonha nos impeçam de sentir que merecemos outra chance. Brené Brown, uma importante pesquisadora sobre o tema da vergonha e autora de vários livros maravilhosos a respeito, define a culpa como o sentimento de que "fiz uma coisa má" e a vergonha como o sentimento de que "sou uma pessoa má".

É apropriado e inevitável que nos sintamos culpados quando agimos mal. É o modo de sabermos que precisamos trilhar o Quádruplo Caminho para reparar o mal que causamos e renovar nossos relacionamentos. A culpa nos ajuda a permanecermos unidos aos outros. A vergonha também desempenha um papel evolucionário por manter nosso relacionamento com o grupo. "Você não tem vergonha?", é o que perguntamos àqueles que não têm qualquer percepção do modo como seus atos prejudicam aos outros. Mas a vergonha também pode ser tóxica. A vergonha tóxica nos desconecta da comunidade e nos faz crer que não há nela um lugar para nós. Faz-nos crer que não merecemos ter relacionamentos.

Ninguém é mau, e nenhum de nós deveria ser definido pela soma total de seus piores atos. Kelly Connor não é uma assassina; ela é alguém cujos atos levaram à morte de outra pessoa. Nenhum de nós é um criminoso, um mentiroso, um traidor ou um monstro. Somos todos seres humanos frágeis e falhos que cometem ofensas uns contra os outros. Quando fazemos tais coisas, não somos monstros; somos seres humanos que se afastaram da sua própria bondade.

210 | O LIVRO DO PERDÃO

Não somos definidos pelo que fizemos. Fomos condicionados a crer que somos tidos em alta conta pelo que fazemos, não por quem somos. Na verdade, nosso valor não tem nada a ver com desempenho, mas essa crença pode tornar muito difícil perdoarmos a nós mesmos quando agimos mal. Nenhum de nós está o tempo todo no seu ápice. Nenhum de nós é perfeito. Às vezes os fracassos pelos quais devemos nos perdoar não são fracassos voluntários. Fizemos o melhor que podíamos naquela ocasião. Na noite em que o cansaço me levou a recusar o pedido de meu pai, eu estava fazendo o melhor que podia. Não me encontrava na disposição adequada para uma conversa importante. Não sabia que não haveria outra oportunidade. Aprendi a aceitar isso. Temos de aceitar o passado para podermos criar um novo futuro. Se pudéssemos ter feito as coisas melhor, teríamos feito. Mesmo que tenhamos infligido males deliberadamente, temos o potencial para mudar. Podemos trabalhar para corrigir nossos erros ou compensar a outra parte. Nenhum de nós é perfeito, mas podemos nos aperfeiçoar na arte de aprender a partir dos erros passados e na arte de nos perdoarmos. É assim que amadurecemos, mudamos e, por fim, recomeçamos.

Você Pode Se Olhar no Espelho?

Lisa Cotter precisou passar cinco anos na prisão até poder enfrentar seus próprios olhos no espelho. Dan e Lynn Wagner, os pais das duas jovens que Lisa matou num acidente de carro, ofereceram-lhe seu perdão através de uma carta enviada a ela na prisão, mas o caminho para se perdoar não foi trilhado tão depressa assim. Lisa explica:

Se eu pudesse parar o tempo, voltaria àquela noite e não beberia nem dirigiria. Mas não posso. Tenho que viver com a culpa e a vergonha. Todos os dias, de muitas maneiras, tenho que reconhecer o que fiz, e encontrar um meio de enfrentar os sentimentos dolorosos que ainda me assaltam, ou não poderia ser uma mãe para meus próprios filhos. E me sinto culpada ao dizer isso. Por minha causa, Lynn e Dan não podem ser pais para suas filhas, portanto, que direito tenho eu de falar do meu papel de mãe?

Na prisão, o único jeito de viver com a culpa foi me estruturar. Eu corria quilômetros e mais quilômetros todos os dias na pista do pátio da prisão. Quilômetro por quilômetro, eu chorava sem parar. Chorava pelas duas meninas que tinha matado. Chorava pelo sofrimento de Dan e Lisa. Chorava por meu filho adolescente e por minhas duas filhinhas ainda pequenas, porque não apenas tinham perdido a mãe, como essa mãe se tornara uma assassina, um monstro horrível aos olhos da comunidade. Eu corria maratonas de puras lágrimas de dor.

Também lia livros espirituais e manuais de autoajuda, e um deles, sobre se curar e se perdoar, dizia para a pessoa se olhar no espelho e dizer "eu te amo". Todas as manhãs, durante minha rotina diária, eu parava diante da pequena pia na minha cela, que dividia com outras cinco mulheres, e dizia: "Eu te amo, Lisa." Uma companheira me viu fazer isso todos os dias, semana após semana, ano após ano, e um dia começou a bater palmas e comentou: "Finalmente, foi sincero." Eu nem mesmo me dera conta de que durante cinco anos não conseguira me olhar nos olhos ao pronunciar as palavras — até aquela manhã. "Agora é que vai começar o trabalho pra valer", disse ela. Eu não fazia ideia do quanto isso era verdade.

Quando fui solta e me encontrei com Dan e Lynn no escritório da condicional, eles me abraçaram, e choramos juntos. O perdão deles facilitou muito o meu. Começamos um novo relacionamento aquele dia, e Lynn se tornou uma espécie de mãe espiritual para mim. Ela participa da vida de meus filhos. Ela e Dan até quiseram conhecer meu noivo, para ter certeza de que era um bom rapaz. Juntos, contamos nossa história e tentamos ajudar os outros. Tento ser útil para minha comunidade sempre que me pedem, e sou totalmente honesta em relação ao meu passado. Eu o reconheço e mantenho a cabeça erguida quando as pessoas falam de mim pelas minhas costas ou me julgam. Entendo o que pensam. Ajuda saber que, para Dan e Lisa, não sou mais "aquela mulher" ou "aquela terrorista". Sou apenas Lisa, tenho minha história, eles têm a deles, e juntos temos a nossa história.

O que Perdoar a Si Mesmo É e o que Não É

Perdoar a si mesmo não é um meio para você desculpar o que fez ou encobrir o mal que causou aos outros. Não é esquecer seus atos. Na verdade, é um lembrete honesto do que você fez e de como feriu os outros. Perdoar a si mesmo não é um ardil para se esquivar de admitir seus erros e fazer reparações. Perdoar a si mesmo é aceitar sinceramente a si mesmo. Isso significa que você passa a se aceitar como um ser humano imperfeito. Lisa foi capaz de se aceitar quando conseguiu se olhar no espelho e dizer "eu te amo". Naquele momento de esperança, a superação e a transformação se tornaram possíveis. Se você está sofrendo pelo mal que causou a alguém, isso significa que tem remorsos e uma consciência, e é no interior desses sentimentos dolorosos que se encontra o bálsamo curativo pelo qual procura.

O ódio é um veneno. Quando você o dirige contra si próprio, perdoar-se é o antídoto para essa toxina.

O que É Preciso para Perdoar a Si Mesmo?

Em primeiro lugar, perdoar a si mesmo exige a verdade absoluta. Precisamos da verdade antes de podermos nos reconciliar com os outros, e precisamos da verdade antes de podermos nos reconciliar com nós mesmos. Se você ainda não admitiu seus erros e pediu perdão, faça isso agora. No entanto, tenha recebido o perdão de alguém ou não, você ainda pode se esforçar para se perdoar. O perdão dos outros não é um requisito para o nosso. Pode torná-lo mais fácil, é claro, mas talvez algumas pessoas nunca venham a perdoar você. Como dissemos em todo o livro, perdoamos por nós mesmos, não pelos outros. Não podemos forçar alguém a nos perdoar; o perdão dessa pessoa é a jornada dela. Do mesmo modo, não podemos nos forçar a nos perdoarmos. Podemos apenas trilhar o caminho que nos permite nos perdoarmos.

Perdoar a si mesmo exige que enfrentemos a verdade sobre como nos sentimos. Sentimo-nos culpados? Envergonhados? Feridos? Desesperados? Impotentes? Quando identificamos os sentimentos que nos impedem de nos perdoarmos, podemos começar a trabalhar com eles e transformá-los. Nossos sentimentos de culpa ou vergonha podem não passar completamente, e devemos tomar cuidado para não piorar as coisas nos sentindo culpados ou envergonhados por nos sentirmos culpados e envergonhados.

Perdoar a si mesmo também exige humildade e trabalho duro. Exige o sincero desejo de não se repetir dado comportamento, e o sincero desejo de mudar. Se menti para minha esposa, para poder realmente me perdoar, devo aquilatar a dor que lhe causei. Devo ser honesto sobre o dano que causei ao nosso relacionamento e decidir não mentir mais para ela. Quando sabemos que estamos fazendo todo o possível para compensar o outro, tornamo-nos capazes de nos perdoar por nossos atos.

214 | O LIVRO DO PERDÃO

Perdoar a si mesmo também exige que se pise no desconhecido. Podemos criar uma identidade, sendo "maus". Podemos reduzir nossa autoimagem a ponto de refletir somente nossos piores atos. Quando nos perdoamos, abrimos mão dessa identidade. Pode ser assustador descobrir a vasta beleza de quem realmente somos. Podemos encontrar um estranho conforto dentro do eterno desconforto da autorrecriminação e da autopunição. Qualquer mudança profunda pode ser desconcertante.

O que Devo Fazer para Me Perdoar?

Quando reconhecemos que estamos sofrendo por não conseguirmos nos perdoar, já demos o primeiro passo para fazê-lo. Em seguida, devemos fazer o trabalho exigido por esse tipo de perdão. Identificar nossos sentimentos e assumi-los nos ajuda a escolher o meio de aceitá-los ou transformá-los.

Culpa

Todos nos sentimos culpados às vezes. Sinto-me culpado quando me irrito com um colega, grito com meus filhos ou sou grosseiro com um desconhecido na rua. A culpa é uma palavra associada ao verbo *fazer* – sentimo-nos culpados quando *fazemos* algo errado ou magoamos alguém que amamos. Brené Brown escreve: "A culpa é positiva. Ela contribui para nos manter nos eixos, porque tem a ver com nosso comportamento. Ela ocorre quando comparamos algo que fizemos – ou deixamos de fazer – com nossos valores pessoais. O desconforto resultante costuma motivar mudanças concretas, reparações e autorreflexão."[13]

A palavra *guilt* [culpa] é derivada do vocábulo germânico *Gelt*, que significa ressarcimento ou quitação de uma dívida. Se não somos capazes de nos perdoar por nos sentirmos culpados, a solução é procurarmos quem devemos compensar por nossos atos. Precisamos pedir desculpas? Devolver uma quantia que roubamos? Confessar nossos atos diretamente àquele a quem prejudicamos e testemunhar o sofrimento que lhe causamos? Como o sentimento de culpa se origina de atos específicos que realizamos ou deixamos de realizar, só pode ser resolvido tomando-se uma atitude. Em suma: mãos à obra.

Resolver a Culpa

Pergunte a si mesmo o que você fez ou deixou de fazer que o leva a se sentir culpado, e então reflita sobre que atitudes pode tomar para reparar o mal feito. Se não sabe ao certo o que fazer, pergunte a um amigo ou terapeuta de confiança. Finalmente, tome a atitude que decidiu tomar – e lembre-se, a solução para a culpa sempre consiste em *fazer*, em reparar.

Vergonha

A vergonha é um pouco mais difícil de identificar do que a culpa. Ao contrário da culpa, a vergonha é um sentimento associado ao verbo *estar*, não ao verbo *fazer*. Quando estou envergonhado, isso significa que sinto haver algo errado não apenas com o que fiz, mas também com quem sou. A vergonha costuma ser uma emoção oculta, cujo poder pode ser paralisante.

Quando experimentamos um profundo sentimento de vergonha, vivenciamos uma profunda desconexão de nós mesmos e do mundo. Sentimos, no nosso íntimo, que não somos dignos do perdão dos outros e do nosso.

A vergonha pode ser a maior barreira para perdoarmos a nós mesmos. Ela nos apequena e faz com que queiramos nos esconder, porque acreditamos não ser dignos de pertencer à comunidade ou ao mundo. A vergonha inconfessa pode levar ao isolamento, à depressão, ao uso de drogas, ao alcoolismo e ao suicídio. A vergonha inconfessa ou não identificada pode fazer com que nos sintamos indignos de nosso próprio perdão. Mas é possível diminuir o poder que ela tem sobre nós dando vazão a ela. A vergonha se esconde, a verdade não.

O processo de perdoar a si mesmo e diminuir a vergonha exige que se procure um grupo de pessoas receptivas ou com ideias semelhantes e se troquem ideias e experiências com elas. Quando você se associa a outros que também têm dificuldade de se perdoar por se envergonharem de quem são e do que fizeram, esse vínculo pode transformar a vergonha. É por isso

Resolver a Vergonha

Compartilhe seus sentimentos com os outros. Seja prestativo e ajude outras pessoas, pois isso fortalecerá seu amor-próprio e senso de valor. Lembre-se, você só pode se livrar da vergonha em associação com os outros, pois, quando se associa, sua compaixão por eles e por si mesmo aumenta. Quando você sente compaixão por si mesmo, fica mais fácil se perdoar por erros passados.

que os grupos que participam de programas de doze passos fazem tanto sucesso em todo o mundo – porque as pessoas podem se reunir e se identificar umas com as outras num ambiente em que se sentem em casa, independentemente de quem sejam ou do que tenham feito. Quando você compartilha suas experiências com outros, extrai um novo significado de um passado doloroso. Quando Lisa Cotter fica diante de uma plateia e diz que matou duas adolescentes, sua vergonha diminui porque ela está num lugar onde se sente à vontade e ajudando os outros a não cometerem os mesmos erros que ela. Isso, por sua vez, lhe confere um novo senso de valor e propósito no mundo. Sentimos vergonha quando nos mantemos isolados. Isso só pode ser remediado no seio de uma comunidade, em associação com os outros. Ao sentirmos vergonha, podemos sentir compaixão por outros que também se envergonham. Ao sentirmos compaixão por eles, podemos sentir compaixão por nós mesmos. Ao recebermos nossa própria compaixão, podemos perdoar os outros.

Todos queremos viver em paz e em harmonia. Mas viver em paz com os outros exige que tenhamos paz e harmonia dentro de nós mesmos. Podemos transformar nossa culpa e nossa vergonha usando nosso passado para beneficiar outros. Quando pomos a nós mesmos e a nossas histórias a serviço dos outros, podemos mais facilmente nos perdoar por nossas faltas. Um dos homens que assassinaram Amy Biehl, Ntobeko Peni, encontrou um modo de reconciliar seu passado e seu futuro através de uma nova missão e propósito:

> Eu sentia que tinha contribuído para uma nova África do Sul e que o que fizera fora por uma razão política. Mas quando pensei em Amy... compreendi que a pessoa tem

218 | O LIVRO DO PERDÃO

que encontrar a paz dentro de si para poder viver. É estranho, mas às vezes as pessoas que oferecem o perdão ficam muito decepcionadas quando aqueles que elas perdoam não conseguem se perdoar. Esta fundação me ajudou a perdoar a mim mesmo.

Ntobeko Peni se refere a seu trabalho na Amy Biehl Foundation. Trabalhando na fundação que recebeu o nome da jovem que ele assassinou, Peni pôde transformar a culpa e a vergonha. Ele foi capaz de enfrentar seus atos passados com honestidade e perdoar a si mesmo. Ele foi perdoado pela família de Amy – como Kelly Connor pela família de Margaret, e Lisa Cotter pelos Wagner. Todos eles tiveram que pôr a si mesmos e a suas histórias a serviço de suas comunidades, para poderem se perdoar. Falando sobre sua vergonha, eles foram capazes de criar novas histórias de si mesmos. Não são mais totalmente definidos por seus piores atos. Entraram na posse assustadora do melhor que têm em si mesmos.

Cada um de nós pode encontrar um meio de transformar um passado doloroso em um futuro de esperança. Podemos cultivar a compaixão pelos outros e por nós mesmos. Podemos contar uma nova história de nós mesmos. Essa nova história admite que "sim, eu causei dor e sofrimento". E também reconhece que "o mal que causei no passado não define quem sou hoje". Perdoar a si mesmo é uma das bases do pacifismo, e não podemos construir a paz com os outros se não estivermos em paz com nós mesmos. No próximo capítulo, veremos como podemos criar um mundo de paz ao criar um mundo de perdão.

Mas antes, paremos para ouvir o que o coração ouve.

Sou generoso com você
E mesquinho comigo.
Posso banir o mal que você me fez
para os confins do coração.
Não encontra raízes ou morada em mim.
Mas o ato que cometi,
Esse me enche de dor e vergonha:
Não posso voltar a ser inteiro.
Se meu tenro coração não hesita em lhe dar colo,
Deve dar colo a mim também,
Suave e macio,
Quente e acolhedor.
Devo me permitir ficar cara a cara
com minha própria humanidade.
Posso me libertar.

Resumo
Perdoar a Si Mesmo

- Tornamo-nos prisioneiros do passado quando não nos perdoamos pelos erros passados.
- Se você não buscou o perdão de sua vítima, faça isso. Perdoar a si mesmo será mais fácil depois.
- Não nos curamos permanecendo isolados. Associar-se a outros é o meio de cultivar a compaixão por eles e por nós mesmos.

Meditação

Respirar Compaixão

1. Para esta meditação, você precisará ficar imóvel e centrado.
2. Encontre um lugar tranquilo para se sentar ou se deitar confortavelmente.
3. Siga sua respiração.
4. Ao inspirar, visualize o amor e a compaixão entrando em você como uma luz dourada.
5. A cada respiração, você verá a luz dourada começar a enchê-lo dos dedos dos pés ao alto da cabeça.
6. Quando se sentir pleno, você irradiará esse amor e compaixão sem fazer esforço.

Ritual com a Pedra

A Mão da Misericórdia

1. Encontre uma pequena pedra que caiba na palma da sua mão.
2. Segure-a com a mão esquerda. Essa é a mão do julgamento.
3. Para cada item em sua lista de coisas pelas quais precisa se perdoar, passe a pedra da mão esquerda para a direita.
4. A mão direita é a mão da piedade e da misericórdia.
5. Segurando a pedra na mão direita, diga as palavras "Eu me perdoo por...", mencionando um item da sua lista.
6. Quando terminar, reponha a pedra no local onde a encontrou.

Exercício para o Diário

1. Faça uma lista de todas as coisas de que você precisa para se perdoar.
2. Para cada item que listou, decida se o perdão de que precisa é de outra pessoa ou de si mesmo. Se for de outra pessoa, está na hora de redescobrir a sua própria bondade.
3. Faça uma lista de tudo que é bom em você. Tente se ver pelos olhos de alguém que goste de você e o admire.

Capítulo 10

Um Mundo de Perdão

ROMPI EM LÁGRIMAS. Como presidente da Conferência Pan-Africana de Igrejas, eu fazia uma visita pastoral a Ruanda, em 1995, apenas um ano depois do genocídio. Fui para Ntarama, uma cidade onde centenas de membros da etnia tutsi se refugiaram na igreja, em busca de segurança e santuário. Mas a milícia Poder Hutu não respeitara qualquer igreja. Espalhadas pelo chão, estavam as marcas do horror. Roupas e malas ainda se misturavam aos ossos. Os pequenos crânios das crianças continuavam esmigalhados. Crânios diante da igreja ainda exibiam machados e facas cravados. A pestilência ultrapassava tudo que posso descrever. Tentei rezar, mas não consegui. Só pude chorar.

Ruanda, como o Holocausto e outros genocídios anteriores, continua sendo um testamento de nossa capacidade de extrapolar os limites do mal, mas mesmo assim a nossa capacidade de perdoar e superar continua sendo um lembrete de que não fomos feitos para

224 | O LIVRO DO PERDÃO

o mal, mas para a bondade. Esses espasmos de crueldade e violência, ódio e impiedade são exceções, não a regra de nossas vidas humanas. Com efeito, os tradicionais tribunais comunitários Gacaca estabelecidos em Ruanda são um extraordinário exemplo da capacidade de uma nação de superar a onda de violência genocida que a abalou através da reconciliação e do perdão. Mais de doze mil tribunais comunitários julgaram mais de um milhão e duzentos mil casos em todo o país. Na maioria dos casos, a justiça que buscaram foi restauradora, não punitiva. Os que haviam planejado ou incitado o genocídio foram punidos, mas os que apenas se deixaram levar pelo conflito civil receberam penas mais leves, principalmente quando os perpetradores demonstravam estar arrependidos e buscavam a reconciliação com a comunidade. O objetivo era reconstruir as comunidades e o país, superar o que acontecera e impedir mais vinganças e violência. Esse é um exemplo de como o perdão pode ajudar uma comunidade inteira a superar uma tragédia.

O perdão é uma das bases do pacifismo. Vi isso no meu próprio país, em Ruanda, na Irlanda do Norte, e nos corações de muitos que trilharam a longa e difícil estrada para encontrar a paz que vem através do perdão.

Cuidem uns dos Outros

Devemos ser cautelosos com nossas palavras. Palavras contundentes podem não ser esquecidas, mas podem ser perdoadas. Ainda me lembro das palavras do rapaz no mercado do Karoo, mas já o perdoei. Devemos nos esforçar para ser cuidadosos com nossos atos. Quando atacamos a humanidade do outro, atacamos nossa própria humanidade. Cada pessoa quer ser reconhecida e valorizada por aquilo que é, um ser humano de infinito valor, alguém com um lugar no mundo. Não podemos violar a dignidade do outro sem violar a nossa. A violência, seja em palavras ou atos, só produz mais violência. A violência jamais pode produzir a paz. Ainda assim, sempre rezarei pela pessoa que segura a arma, para que ela encontre a compaixão e reconheça a humanidade que compartilha com a que está do outro lado da arma. Henry Wadsworth Longfellow disse: "Se pudéssemos ler a história secreta de nossos inimigos, encontraríamos na vida de cada homem tristeza e sofrimento o bastante para desarmar toda hostilidade."

Quando sentimos ódio por outros, carregamos esse ódio em nosso próprio coração, um ódio que certamente nos prejudica ainda mais do que aos outros. Fomos criados para o companheirismo. Fomos criados para formar a família humana, para coexistir, porque fomos feitos uns para os outros. Não fomos feitos para a exclusividade ou a autossuficiência, mas para a interdependência. Transgredimos essa lei essencial de nosso ser por nossa conta e risco. Cuidamos do mundo cuidando uns dos outros — é tão simples e tão difícil assim.

Cultivar o Perdão

Como cuidamos uns dos outros? Cultivando o perdão. O perdão, como qualquer outra qualidade — a compaixão, a bondade ou a generosidade —, deve ser incentivado e cultivado. A capacidade de perdoar é inata, mas, como qualquer talento natural, deve ser aperfeiçoada através da prática. A prática do perdão é um trabalho emocional e espiritual. Quando Nelson Mandela foi para a prisão, era um homem muito revoltado. Esse símbolo mundial do perdão não era nem um pouco inclinado a perdoar na época em que

226 | O LIVRO DO PERDÃO

chegou à Ilha Robben para cumprir sua pena. Foram precisos muitos anos na prisão, anos que ele passou cultivando a prática diária do perdão, para se tornar o luminoso exemplo de tolerância que foi capaz de pôr o nosso país ferido na estrada para a reconciliação e a superação. O homem que entrou na prisão não era o homem que convidou seu carcereiro como convidado VIP na sua cerimônia de posse. Isso exigiu tempo e esforço.

Cada um de nós tem múltiplas oportunidades, todos os dias, de praticar pequenos atos de perdão. Podemos aprender a percorrer o Ciclo do Perdão com uma desenvoltura emocional adquirida com a prática. Posso perdoar a motorista que me dá uma cortada no trânsito. Reconheço a centelha de irritação e medo provocada em mim, no momento em que admito que não conheço a sua história. Ela podia estar atrasada para o trabalho, onde tem um patrão tirânico. Pode ter se distraído com o choro do bebê no banco traseiro. Podia ter uma lista quilométrica de coisas para fazer. Para praticar o cultivo do perdão, devo aprender a considerar um contexto mais amplo e entender que nem todo ato que me aborrece é um ataque pessoal. Posso praticar o perdão com meus amigos e minha família, e posso praticá-lo no meu emprego e na minha comunidade.

Quando adoto uma atitude de perdão, não de ressentimento, não apenas perdoo um ato em particular; eu me torno uma pessoa mais compassiva. Com uma atitude de ressentimento, olho para o mundo e vejo que está tudo errado. Contudo, quando adoto uma atitude de perdão, começo a ver o mundo não através do ressentimento, mas através da gratidão. Em outras palavras, olho para o mundo e começo a ver o que está certo. Há um tipo especial de mágica quando me torno uma pessoa mais compassiva; é algo notável. O que antes foi uma grave afronta se dissolve em nada mais do que um ato irrefletido ou descuidado. O que antes foi um motivo de ruptura e afastamento se torna uma oportunidade para reparo e maior intimidade. De repente, uma vida que parecia atulhada de obstáculos e antagonismo se enche de oportunidades e amor.

Quando cultivo o perdão em meus pequenos encontros cotidianos, estou me preparando para o momento em que um ato de perdão muito maior será pedido de mim, como é quase certo que irá acontecer. Parece que nenhum de nós viaja pela vida sem ser marcado pela tragédia, a decepção, a traição ou a mágoa, mas cada um tem à sua disposição uma poderosíssima capacidade que ameniza ou até mesmo transmuta a dor. Essa capacidade pode, quando tem uma chance, conquistar nosso inimigo, salvar um casamento, interromper uma briga e – numa escala global – até mesmo pôr fim a uma guerra. Quando você decide mudar o mundo, a tarefa parece irrealizável. Mas cada um de nós pode fazer a sua pequena parte para efetuar a mudança. Mudamos o mundo quando decidimos criar um mundo de perdão em nossos próprios corações e mentes. Está em nossa natureza perdoar, reconciliar e colar os cacos de nossos relacionamentos. Cada mão que se estende num gesto de perdão é uma mão que trabalha pela criação da paz no mundo.

Transformar o Sofrimento

Mesmo quando perdoamos inteiramente, nossa dor pode não terminar, nossa perda continuar sendo inaceitável, e a mágoa ainda estar lá. Mas descobrimos, uma vez atrás da outra, relatos incríveis de pessoas que encontraram uma maneira de extrair sentido do seu sofrimento e transformá-lo. Elizabeth Kübler-Ross resume isso lindamente quando diz: "As mais belas pessoas

228 | O LIVRO DO PERDÃO

que conhecemos são aquelas que conheceram a derrota, o sofrimento, a luta, a perda, e conseguiram sair do fundo do poço. Essas pessoas têm uma apreciação, uma sensibilidade e uma compreensão da vida que as enche de compaixão, gentileza e uma profunda e amorosa preocupação com o próximo. Pessoas lindas não acontecem sem mais nem menos."[14]

Algumas das histórias que compartilhamos neste livro são exemplos de pessoas que adquiriram uma profunda capacidade de trilhar o Quádruplo Caminho do perdão, de transformar suas perdas e transmutar sua dor.

Kia Scherr fez algo significativo de sua perda. Depois da morte do marido e da filha num atentado terrorista em Bombaim, Kia fundou uma organização com uma profunda mensagem de paz:

Se continuarmos a amar em face do terrorismo, tiraremos o poder do terrorista e ele deixará de fazer terror. Imagine isso multiplicado por um milhão, por um bilhão no mundo inteiro, e com o tempo, acabaremos com o terrorismo. Onelifealliance.org está usando o poder da conexão para unir pessoas de todas as idades, países, históricos, nacionalidades e religiões, para respeitar a dignidade e a santidade da vida e criar um mundo de harmonioso equilíbrio e cooperação. Chegou a hora de neutralizar o terrorismo em todas as suas formas através da opção por uma vida de paz, compaixão e amor. Esse é o meu trabalho após a morte de Alan e Naomi. Esse é o meu propósito.

Bassam Aramin, que cofundou o grupo Combatants for Peace, usou sua poderosa experiência pessoal de reconhecer a humanidade dos inimigos para criar uma organização dedicada ao diálogo, à reconciliação e à não violência. Trata-se de uma organização dirigida por ex-soldados israelenses e guerrilheiros palestinos que afirmam: "Após brandir armas por tantos anos e termos visto uns aos outros apenas através das armas, decidimos depô-las e lutar pela paz."[15]

Todas as histórias compartilhadas neste livro são grandes exemplos de como se trilha o Quádruplo Caminho. Você não precisa criar uma fundação ou viajar para terras distantes. A transformação começa em você, onde quer que esteja, quem quer que seja, o que quer que tenha acontecido, como quer que esteja sofrendo. A transformação é sempre possível. Não nos curamos em isolamento. Quando nos voltamos para os outros e nos conectamos com eles – quando contamos a história, damos vazão à mágoa, concedemos o perdão e renovamos ou abrimos mão do relacionamento –, nosso sofrimento começa a se transformar. Não temos que carregar nossa dor sozinhos. Não temos que nos prender a nossas perdas para sempre. Nossa liberdade é forjada nas fogueiras do perdão, e nos tornamos pessoas mais evoluídas espiritualmente em função disso. Quando nossas perdas são grandes, a profundidade de nossa compaixão pelos outros aumenta exponencialmente, como também pode ocorrer com nossa capacidade de usar nosso próprio sofrimento para transformar o sofrimento de outras pessoas. É verdade que, quando fazemos mal aos outros, fazemos mal a nós mesmos; mas é igualmente verdade que, quando ajudamos os outros, também ajudamos a nós mesmos.

Como Criar um Mundo de Perdão

Criar um mundo de perdão não exige que se passe a vida inteira contemplando os valores e as virtudes do perdão. Criar um mundo de perdão é uma prática viva. Você pode criar um mundo de perdão hoje mesmo, na sua própria casa. Perdoe o

230 | O LIVRO DO PERDÃO

seu filho que chegou tarde ou gritou com você de novo. Perdoe o cônjuge pelas palavras duras que disse. Perdoe o seu vizinho por obrigá-lo a ficar acordado até tarde com uma festa barulhenta quando você tinha que trabalhar de manhã. Perdoe o estranho que rouba sua casa. Perdoe o namorado que deixa você. Saiba que somos todos imperfeitos e estamos apenas lutando para encontrar nosso lugar ao sol – um lugar onde podemos ser reconhecidos e valorizados por aquilo que somos.

Cultive o perdão com seus amigos, com sua família, com estranhos e consigo mesmo. Lembre-se que toda pessoa que você encontra carrega uma mágoa e uma luta. Reconheça que todos nós compartilhamos uma humanidade fundamental. Modele o Quádruplo Caminho com seus filhos. Mostre a eles a superação que pode ser alcançada quando se abandonam as ideias de vingança, se abre mão do rancor e se reconciliam relacionamentos que foram prejudicados ou desfeitos. Se você magoou alguém, mostre a seus filhos como admitir o erro, peça seu perdão e faça reparações.

Ensinemos às crianças o processo do perdão. Vamos guiá-las para longe do Ciclo da Vingança e recompensá-las quando entrarem no Ciclo do Perdão.

Recuperar o Nosso Mundo

Nacional e mundialmente, temos uma escolha: a justiça restauradora ou a punitiva.

Há aqueles que acreditam que uma injustiça pode ser corrigida quando alguém é obrigado a pagar pelo mal que causou. Dizem: "Perdoarei você, contanto que você seja surrado pelo que fez, contanto que seja obrigado a pagar caro pelo mal que me causou." Esse não é o caminho para se criar um mundo de perdão, nem o caminho para a verdadeira justiça.

Esse sistema do olho por olho é a base da justiça punitiva. Em muitos países, principalmente no Ocidente, o sistema penal controla o crime e a punição. Os criminosos só prestam contas ao Estado. Os que são declarados culpados recebem sua justa punição conforme decidido pelo Estado e de acordo com leis por ele preestabelecidas. O crime é visto como um ato individual, com consequências individuais para o criminoso. A punição é dada e o criminoso é definido por sua culpa. Nesse sistema de justiça, acredita-se que a punição é tanto um impedimento para o crime como um modo de alterar o comportamento do criminoso. Infelizmente, as prisões superlotadas e os altos índices de reincidência contam uma história diferente.

A justiça restauradora, por outro lado, parte da premissa de que o crime não é um ato contra o Estado, mas contra outra pessoa e contra a comunidade. Nesse modelo de justiça, a prestação de contas consiste em fazer com que o criminoso assuma a responsabilidade pelo mal que causou e por reparar o dano. As vítimas não são periféricas nesse processo de justiça. No modelo de justiça restauradora, elas desempenham um papel integral na decisão do que é necessário para reparar o mal que lhes foi feito. O foco é no diálogo, na solução de problemas, na reconciliação de relacionamentos, em fazer reparações e restaurar o tecido da comunidade. A justiça restauradora procura reconhecer a humanidade em cada um de nós, sejamos vítimas ou perpetradores. A justiça restauradora luta para trazer verdadeira superação e justiça para indivíduos e comunidades.

Geralmente, o perdão não desempenha qualquer papel na justiça punitiva, mas é central na justiça restauradora. O perdão nesse contexto diz: "Vou lhe dar mais uma chance. Espero que você a

232 | O LIVRO DO PERDÃO

aproveite para trazer à tona o que tem de melhor em si. Se eu não introduzir o perdão no modelo de mal que você criou, o ciclo da retaliação poderá se estender *ad infinitum*." Sem o perdão para romper o ciclo do dano e da vingança, preparamos o terreno para as brigas de família que atravessam gerações. Sem o perdão, criamos padrões de violência e dano que se repetem em bairros, cidades e entre países por décadas e até mesmo séculos.

Tudo Importa

Se você aparecer ferido e sangrando diante de mim, não posso lhe dizer para perdoar. Não posso lhe dizer para fazer nada, já que foi você quem foi ferido. Se você perdeu alguém que amava, não posso lhe dizer para perdoar. Se o seu cônjuge o traiu, se você sofreu abusos na infância, se suportou um dos milhões de males que os seres humanos podem infligir uns aos outros, não posso lhe dizer o que fazer. Mas posso lhe dizer que tudo importa. Quer amemos, quer odiemos, quer ajudemos, quer prejudiquemos, tudo importa. Posso lhe dizer que espero, se for eu que tiver sido ferido e estiver sangrando, ser capaz de perdoar e rezar pelo meu agressor. Espero ser capaz de reconhecê-lo como meu irmão e precioso filho de Deus. Espero jamais descurar o fato de que todos têm a capacidade de mudar.

Não podemos criar um mundo sem dores, perdas, conflitos ou mágoas, mas podemos criar um mundo de perdão. Podemos criar um mundo de perdão que nos permita superar as perdas e a dor e reparar nossos relacionamentos. O *Livro do Perdão* mostra o caminho para se encontrar o perdão, mas, fundamentalmente, ninguém pode lhe dizer para perdoar. Só podemos lhe pedir para fazer isso. Só podemos convidá-lo a

Um Mundo de Perdão | 233

participar dessa jornada. Só podemos lhe mostrar o que deu certo para outras pessoas. Só podemos lhe dizer que a superação que vimos ser alcançada por aqueles que trilharam o Quádruplo Caminho é uma transformadora lição de humildade.

Todos nós devemos trilhar nossos próprios caminhos, cada um no seu ritmo. Escrevemos nossos livros do perdão a cada dia. O que estará no seu livro? Será uma história de esperança e redenção, ou de infelicidade e ressentimento? No fim, o perdão que você busca, quer seja para outrem, quer para si mesmo, jamais será encontrado em um livro. Você o carrega dentro do seu coração. Ele é definido pela sua própria humanidade. Você só precisa olhar para dentro e descobri-lo – descobrir o poder que ele tem de mudar sua vida e de mudar o mundo.

Ouçamos o que o coração ouve:

Eis o meu livro do perdão:
As páginas estão bem gastas;
Eis os lugares onde avancei a custo,
E os que percorri sem esforço.
Eis o meu livro do perdão:
Algumas páginas estão rasgadas e manchadas de lágrimas,
Outras decoradas com risos e alegria,
Outras ainda escritas com esperança,
E há aquelas marcadas pelo desespero.
Eis o meu livro do perdão:
Um livro cheio de histórias e segredos,
Que conta como finalmente deixei de ser definido pelo trauma
E escolhi me tornar novamente um criador,
Oferecendo o perdão,
Aceitando ser perdoado,
Criando um mundo de paz.

Fontes

Para maiores informações sobre os autores e seu trabalho, visite The Desmond and Leah Tutu Legacy Foundation (www.tutu.org.za).

Para mais informações sobre o perdão, incluindo entrevistas com os autores e um curso sobre o perdão ministrado por Mpho Tutu, acesse www.humanjourney.com/forgiveness.

Agradecimentos

SER-ME-IA IMPOSSÍVEL escrever um livro sobre um tema tão amplo, profundo e íntimo como o perdão sem a ajuda de muitas pessoas.

Um grupo global de especialistas nos emprestou seu conhecimento adquirido através do estudo e do ensino pioneiros do perdão. Gostaríamos de agradecer a todos que contribuíram para a criação deste livro, incluindo:

Fred Luskin, por ser tão generoso com seu tempo e por seus insights profundos; Donna Hicks, por seus esforços incessantes para mostrar às pessoas o verdadeiro significado de se honrar a dignidade humana; Gordon Wheeler, um dos maiores especialistas no tema da vergonha do mundo inteiro, por sua contribuição ao capítulo sobre perdoar a si mesmo; Marina Cantacuzino, fundadora do The Forgiveness Project, por reunir e compartilhar histórias de perdão do mundo inteiro; Dr. Jim Dincalci, que passou mais de vinte e cinco anos orientando e ensinando pessoas que se esforçam por perdoar; Brené Brown, por sua corajosa pesquisa sobre a índole da vulnerabilidade e da vergonha; Shawne Duperon, por seu trabalho apaixonado para criar o Project Forgive e sua criatividade ao usar a mídia para difundir o poder do perdão pelo mundo afora; e ao Padre Michael

236 | O LIVRO DO PERDÃO

Lapsley, por ser um belo exemplo de perdão e por criar a partir de seu próprio sofrimento um ministério de cura. Também agradecemos à Templeton Foundation pelas generosas bolsas concedidas àqueles que estudam a natureza e a ciência do perdão.

É preciso um tipo especial de coragem e honestidade para compartilhar perdas e sofrimentos pessoais em público. Nossa mais profunda gratidão a Lynn Wagner, Dan Wagner, Lisa Cotter, Ben Bosinger, Kia Scherr, Kelly Connor, Bassam Aramin, Easy Nofemela, Ntobeko Peni e Linda Biehl. Suas histórias de perdão ajudarão inúmeras pessoas a seguir o seu exemplo e transmutar sua dor em amor e redenção.

Obrigado à nossa extraordinária equipe editorial na HarperOne – Mark Tauber, Michael Maudlin, Claudia Boutote, Suzanne Wickham, Suzanne Quist, Julie Baker, Michele Wetherbee: foi um prazer e um privilégio trabalhar com vocês. Sabemos que este livro foi uma busca pessoal para muitos de vocês, e agradecemos-lhes por seu apoio e por acreditarem neste projeto. Lynn Franklin, nossa prodigiosa agente, é o que todos desejariam que sua agente fosse – uma aliada no mundo atordoante dos livros. Lynn foi uma guia tarimbada, uma amiga querida, e se tornou um membro de nossa família.

Há mais duas pessoas sem as quais este livro não teria sido possível. Lara Love foi nossa pesquisadora, companheira literária e incentivadora ao longo de muitos esboços. Ela é um gênio com um sobrenome muito apropriado, e um coração de ouro. Ela é muito, muito talentosa. Podemos creditar Doug Abrams por manter viva a ideia do livro durante seus muitos anos de gestação. Ele é um editor notável e um talentoso colaborador literário. Porém, mais do que isso, Doug é um amigo. O Quádruplo

Agradecimentos | 237

Caminho começa quando se conta a história, e por ser um ouvinte solidário para Mpho, Doug ajudou-a a trilhar uma jornada de superação após a morte de Angela.

Finalmente, queremos agradecer às pessoas com quem trocamos lições diárias de perdão, as pessoas que compartilham nossos lares e os enchem de amor: Leah, Nyaniso, Onalenna e Keke. Obrigado a vocês por tudo que são e tudo que nos dão.

Notas

1. http://www.forgiving.org/campaign/research.asp.
2. Frederic Luskin, *Forgive for Good: A Proven Prescription for Health and Happiness* (Nova York: HarperCollins, 2002).
3. Everett L. Worthington, Charlotte Van Oyen Witvliet, Pietro Pietrini e Andrea J. Miller, "Forgiveness, Health, and Well-Being: A Review of Evidence for Emotional Versus Decisional Forgiveness, Dispositional Forgiveness, and Reduced Unforgiveness." *Journal of Behavioral Medicine* 30, n. 4 (agosto de 2007): 291-302.
4. Lisa F. Berkman e Lester Breslow, *Health and Ways of Living: The Alameda County Study* (Nova York: Oxford University Press, 1983).
5. Greg Miller, "Why Loneliness Is Hazardous to Your Health", *Science* 14 (janeiro de 2011), vol. 331, n. 6.014: 138-40.
6. http://theforgivenessproject.com/stories/bassam-aramin-palestine/.
7. Dr. Daniel J. Siegel, *Mindsight: The New Science of Personal Transformation* (Nova York: Random House, 2010), 59-63.
8. Bruce Feiler, "The Stories That Bind Us", NYTimes.com, 15 de março de 2013, http://www.nytimes.com/2013/03/17/fashion/the-family-stories-that-bind-us-this-life.html?pagewanted=all&_r=2&.
9. Michael Lapsley com Stephen Karakashian, *Redeeming the Past: My Journey from Freedom Fighter to Healer* (Ossining, NY: Orbis Books, 2012), 162.
10. Kia Scherr é cofundadora e presidente da One Life Alliance (onelifealliance.org), uma iniciativa de paz global que oferece instrumentos de paz à educação, ao mundo empresarial e aos governos.
11. Bryan Sykes, *The Seven Daughters of Eve: The Science That Reveals Our Genetic Ancestry* (Nova York: W. W. Norton & Company, 2002); http://en.wikipedia.org/wiki/Mitochondrial_Eve#Further_reading.

12. Julie H. Hall e Frank D. Fincham, "Self-Forgiveness: The Stepchild of Forgiveness Research", *Journal of Social and Clinical Psychology* 24, n. 5 (2005): 621-37.

13. Brené Brown, "Four (Totally Surprising) Life Lessons We All Need to Learn", Oprah.com, http://www.oprah.com/spirit/Life-Lessons-We-All-Need-to-Learn-Brene-Brown/2.

14. Elizabeth Kübler-Ross, *Death: The Final Stage of Growth* (Nova York: Simon and Schuster, 1986), 96.

15. Combatants for Peace, http://cfpeace.org/?page_id=2.

Papel: Pólen Soft 70g
Tipo: Bembo
www.editoravalentina.com.br